Joachim Willeitner Jemen

Joachim Willeitner

Jemen

Weihrauchstraße und Wüstenstädte

Hirmer Verlag München

Für Anja

Inhalt

Die Topographie Arabiens 7

Der Süden der Arabischen Halbinsel 7 · Die Inseln 8

Die Frühgeschichte des Jemen 9

Die Steinzeit 9 · Felsbilder und -inschriften 9 · Megalithische Stätten 10 · Die Bronzezeit 11 · Sabir 11

Die historische Quellenlage 12

Die altsüdarabische Schrift 12 · Der Periplus Maris Erythraei 13 · Al-Hamdani 14 · »Arabien« in den altorientalischen Quellen 14

»Arabia felix« und seine legendären Reichtümer 16

Weihrauch und Myrrhe 17 · Die Gewinnung der Aromata 17 · Die Weihrauchgebiete 19 · Weihrauchstraße und Indienhandel 20 · Kamele als Lasttiere 20 · Die Nabatäer 22 Die Häfen am Roten Meer 22 · Routen des Indienhandels 23 Handelsrouten im Süden Arabiens 24 · Die Oase Nadschran 25 · Die Weihrauchstraße im Hedschas 25 · Die Weihrauchstraße auf nabatäischem Gebiet 26 · Das Weihrauchland Punt 26 · Die Expedition der Hatschepsut 26 · Die Lokalisierung von Punt 27 · Frühere Punt-Fahrten der Pharaonen 28 · Weihrauch im Christentum 28

Die antiken Reiche in Südarabien 29

Historischer Überblick 29 · Religion und Kultpraxis 31 Kultbauten 32

Die Bildung der südarabischen Reiche 33

Der Tatenbericht des Karib'il Watar 33

Das Reich der Sabäer 34

Die legendäre Königin von Saba 35 · Die Königin von Saba bei Salomo 35 · Saba und Weihrauch in der Bibel 38 Die »Königin von Saba« im Islam 39 · Saba in den historischen Quellen 40 · Die Anfänge der sabäischen Geschichte 41 · Die Statue des Ma'dikarib 41 · Die sabäischen Metropolen 42 · Sirwah 42 · Der Waddum-Tempel bei Sirwah 42 · Die Sabäerhauptstadt Marib 43 · Die Altstadt 43 Der Staudamm 44 · Der Awwam-Tempel von Marib und seine Nekropole 46 · Der Bar'an-Tempel 48 · Die sabäische Expansion nach Afrika 49 · Der Feldzug des Aelius Gallus 49

Das Reich von Ausan 51

Die Hauptstadt Miswar 51 · Aden 51 · Die wirtschaftliche Rolle 52 · Das vorläufige Reichsende 52 · Das erneute Erscheinen 53

Das minäische Reich 54

Das Reichsgebiet und seine Städte 55 · Baraqisch 55 Ma'in 57 · Die minäischen Handelsniederlassungen 58

Das Reich von Qataban 58

Geschichte und Ausdehnung 58 · Timna 59 Hadschar Bin Humayd 60 · Ocelis 61

Das Königreich Hadramaut 61

Das Reich und seine Bevölkerung 61 · Topographie 61 Geschichte des Reiches 62 · Die Städte 63 · Mayfa'at 63 Schabwa 64 · Sayun 64 · Weitere Fundorte im Wadi Hadramaut 64 · Qana 66 · Die übrige Südküste 67

Rivalitäten beidseitig des Roten Meeres 68

Das Reich von Axum in Äthiopien 68 · Die »Königin von Saba« in der äthiopischen Tradition 69 · Die Reichsexpansion 69 · Der Aufstieg des Reiches von Himyar 69 Die Anfänge 69 · Das Großreich 69 · Sana'a und der Ghumdan-Palast 70 · Bainun 71 · Die südarabisch-äthiopischen Auseinandersetzungen 71 · Muza 72 Die Expansion der Axumiten 72 · König Samir Yuharis und seine Nachfolger 72 · Zwei königliche Bronzestatuen 73 Weitere Bronzeobjekte 74 · Das Vordringen des Christentums 75 · Jüdisch-christliche Konflikte 76 · Abraha und das Ende des südarabischen Reiches 76

Die Erforschung des Jemen 77

Die Wiederentdeckung Südarabiens 77 · Carsten Niebuhr 77 · Die wissenschaftliche Bestandsaufnahme 77 Eduard Glaser 78 · Landberg und Müller 78 · Erste Ausgrabungen 79 · Aktuelle Forschungen 79

Karte 80 · Bildteil 81 · Literatur 125 · Zeittafel 230

Die Topographie Arabiens

Die Arabische Halbinsel, jene rund 3,5 Millionen qkm große Landbrücke zwischen den Kontinenten Afrika und Asien, verbindet man üblicherweise mit der Vorstellung einer sandbedeckten und nur von Dünenketten gegliederten Region – ein Bild, das auch weitgehend seine Gültigkeit besitzt.

Der Süden der Arabischen Halbinsel

Das Festland

Betrachtet man jedoch die beiden Staaten, die heute das südliche Ende Arabiens einnehmen, nämlich den Oman und den Jemen, zeigt sich eine gänzlich entgegengesetzte Landschaft: Denn zwischen den beiden Meerengen des Bab el-Mandeb (»Tor der Tränen«) an der Mündung des Roten Meeres im Westen und der »Straße von Hormuz« am Zufluß des Persisch-arabischen Golfs im Osten, die sich dort jeweils mit dem Indischen Ozean verbinden, erheben sich auf dem arabischen Festland Hochgebirgsketten, die im Oman eine Höhe von 3352 Metern und mit dem Dschebel Nabi Schuaib im Jemen sogar 3620 Meter ü.d.M. erreichen. Hier werden die Wolken, der der zyklisch richtungswechselnde Monsun im Winter und vor allem im Sommer mit sich bringt, zum abregnen gezwungen, und diese intensiven (manchmal über 500 mm im Jahresmittel), nach Osten hin allerdings abnehmenden Niederschläge gewährten schon im Altertum seßhaften Bevölkerungsgruppen gute Lebensbedingungen. Die Siedler legten an den steilen Berghängen landwirtschaftlich genutzte Terrassen an und errichteten ihre Siedlungen gut geschützt auf den Gipfeln und Graten dieser Höhenzüge. Nicht zufällig entstanden die ersten Staatenbildungen auf arabischem Boden – von denen die Reiche von Saba, Qataban, Ma'in, Ausan und Hadramaut die bedeutendsten sind – im äußersten Süden der Halbinsel. Noch heute prägen diese menschlichen Eingriffe – Terrassen und Dörfer in schwindelnden Höhen – das Erscheinungsbild des Bergjemen, und auch in der Gegenwart stellt der Jemen mit durchschnittlich 24 Einwohnern pro qkm den am dichtesten besiedelten Staat der Arabischen Halbinsel dar.

Doch sind nicht alle Teile des seit dem 22. Mai 1990 wiedervereinigten Staates so fruchtbar. Vielmehr bietet sich auf der rund 530 000 qkm großen Landesfläche (die sich aus 195 000 qkm des ehemaligen Nord- und 335 000 qkm des ehemaligen Südjemen zusammensetzt) ein erstaunlich abwechslungsreiches Landschaftsbild. Begrenzt wird der Staat im Westen vom Roten Meer, im Süden durch den Golf von Aden und den Indischen Ozean, im Osten durch den Oman und im Norden durch Saudi-Arabien. Allerdings ist an der letztgenannten Linie die erst durch die Erdölfunde wichtig gewordene exakte Grenzziehung noch strittig. Denn der im Zuge der kolonialen und postkolonialen Neuordnung der Staatenwelt des Vorderen Orients vor und nach dem Zweiten Weltkrieg nur vage bestimmte Grenzverlauf zieht sich hier durch die unwirtliche Wüste der Rub al-Khali, des »leeren Viertels«, bei der man sich seinerzeit nicht vorstellen konnte, daß sie einmal zum Zankapfel avancieren sollte. Daher schwanken die genauen Größenangaben für den ehemaligen Südjemen zwischen 332 968 und 336 870 qkm.

Seiner Position am Südende der Arabischen Halbinsel verdankt der Jemen auch seinen Namen, denn dieser leitet sich vom arabischen Wort »Jemin« für die Richtungsangabe »rechts« ab. Um dies nachvollziehen zu können, muß man die Karte Arabiens im ursprünglichen Sinne des Wortes »orientieren«, also mit dem Osten nach oben betrachten, was übrigens auch bei vielen europäischen historischen Landkarten die Regel war, bevor sich die Nord-Ausrichtung allgemein durchsetzte. Auf einer geosteten Karte liegt der Jemen am rechten Rand Arabiens. Mit dem Aufstieg von Mekka zum religiösen Mittelpunkt des Islam engten die arabischen Historiker und Kartographen die Deutung des Landesnamens mit der Erklärung ein, daß sich der Jemen rechterhand der heiligen Städte Mekka und Medina befindet.

Der die Besiedlung Südarabiens begünstigende, annähernd parallel zum Roten Meer von Norden nach Süden verlaufende Höhenzug des »Bergjemen« ist letztendlich eine Fortsetzung des Gebirges, das die gesamte Arabische Halbinsel entlang ihrer Westseite durchzieht. Denn Arabien ist – vereinfacht ausgedrückt – eine große gekippte, in ihrem Mittelteil rund 1000 Meter ü.d.M. gelegene Hochscholle, die sich nach Osten hin – in Richtung Persisch-Arabischer Golf – in mehreren aus abgelagerten Sedimenten bestehenden Schichtstufen allmählich absenkt und die in die entgegengesetzte Richtung zu dem erwähnten Bergland ansteigt. Die schmale Küstenebene, die sich zwischen dem Steilabfall dieses Höhenzuges und dem Roten Meer befindet, wird im Südteil der Arabischen Halbinsel als Tihama bezeichnet. Hier herrscht, bedingt durch die Nähe zum Wasser, ein schwülheißes Klima vor. Im Gegensatz dazu weisen die Gebiete jenseits des regenreichen und mit fruchtbaren vulkanischen Böden gesegneten Berglandes im Inneren der Halbinsel – wo große sandgefüllte Senken wie die bereits erwähnte Rub al-Khali im Südosten und die Nefud im Nordwesten großflächige Wüstenareale darstellen– eine trockene Hitze auf. Hier ist nur in den – zumeist von Dattelpalmen bewachsenen – Oasen ein Überleben möglich, wo artesische Quellen ans Tageslicht treten oder in Karsthöhlen Wasservorräte aufzufinden sind. Den Übergang von den Bergen zu den unfruchtbaren Wüstengebieten bildet eine Steppenlandschaft, die von den Nomaden als Weidegebiet für die Ziegen-, Schaf- und Dromedarherden genutzt wird.
Demgegenüber ist der ehemalige Südjemen weniger von der Natur gesegnet. Auch hier gibt es – am Indischen Ozean – eine zwischen 30 und 60 Kilometer breite Küstenebene. Sie ist jedoch, ebenso wie das hinter ihr steil aufsteigende Bergland, überwiegend regenarm und wüstenhaft. Lediglich in einigen Bereichen am Gebirgsrand erlauben Niederschläge von 100 bis 250 mm pro Jahr feste Ansiedlungen. Im Hochland stellte sich die Bevölkerung auf die schwierigeren Lebensverhältnisse dergestalt ein, daß schon seit der Antike ausgewählte Bereiche der tief eingeschnittenen Täler als Bewässerungsoasen genutzt wurden. Hierzu mußten die geringen Niederschläge, die in den Bergen niedergehen und zu Tale fließen, in den Wadis mit ausgeklügelten Dammbauten zurückgehalten, gespeichert und anschließend auf den Feldern verteilt werden. So verwundert es auch nicht, daß mit der Wiedervereinigung des Jemen der benachteiligte Südteil zwar fast zwei Drittel des gesamten Staatsgebietes stellte, aber mit knapp 3 Millionen Bewohnern knapp ein Drittel der Einwohnerzahl des ehemaligen Nordens aufwies.

Die Inseln

Zum Staatsgebiet des Jemen gehören nicht nur die küstennahen Inseln des Roten Meeres, von denen Kamaran mit 57 qkm die größte darstellt, sondern auch das in der Meerenge des Bab el-Mandeb, dem «Tor der Tränen«, vor der Südwestspitze der Arabischen Halbinsel gelegene Perim. Diese strategisch günstige Position erklärt die wichtige Bedeutung dieses gerade einmal 13 qkm großen Eilandes, bei dem es sich um den halbkreisförmigen, an seiner höchsten Stelle 65 Meter aus dem Meer aufragenden Kraterrand eines erloschenen Vulkans handelt. Im »Periplus Maris Erythraei«, einem antiken Seefahrerhandbuch, erscheint der Ort unter dem Namen »Diodoros-Insel« (peripl. XXV). Ihr gegenüber befand sich auf dem arabischen Festland die antike Stadt Okelis, das heutige Schech Said. Die ehemals von Großbritannien besetzte Insel Perim fiel anschließend an den damaligen Südjemen.
Ähnliches gilt für die im Indischen Ozean vor dem östlichen Horn von Afrika am Kap Guardafui – dem »Gewürzkap« (»Aromaton Emporion«) des antiken Geographen Ptolemaios – gelegene, 3626 qkm große Insel Sokotra, das antike Dioskorides, mit ihren drei kleineren südwestlich vorgelagerten Eilanden. Auf dieser der Legende nach 52 n. Chr. durch den heiligen Thomas auf seinem Weg nach Indien zum Christentum bekehrten Insel hielt sich diese Religion bis mindestens ins 10. Jahrhundert, so zumindest nach Auskunft des damals wirkenden arabischen Historikers Abu Said Hassan. Der nachantike Name »Sokotra« läßt sich aus dem Sanskrit ableiten, wo »dvipa such-

adhara« »Insel der Wonne« bedeutet. 1835 war die Inselgruppe, deren höchster Punkt auf Sokotra 1503 Meter ü.d.M. erreicht, durch Großbritannien bzw. die 1600 gegründete Britische Ostindien-Kompanie den Portugiesen entrissen worden, welche sie seit 1505 in ihrem Besitz hatten. Ihre Bedeutung bestand darin, daß sie sich als günstiger Ankerplatz auf dem Weg in die indische Hafenstadt Surat anbot. Bis 1967 gehörte sie dem unter britischem Einfluß stehenden ursprünglich als Protektorat Aden bezeichneten und später in Protektorat Südarabien umbenannten Staatsgebilde. Mit der Unabhängigkeit des Südjemen wurde die Insel-Hauptstadt Tamrida in die arabische Ortsbezeichnung Al-Hadibu abgeändert.

Die Frühgeschichte des Jemen

Die Steinzeit

Das südliche Ende der Arabischen Halbinsel ist seit der Altsteinzeit besiedelt. Zieht man darüber hinaus noch in Erwägung, daß Afrika als »Wiege der Menschheit« gilt und von dort die Expansion des Urmenschen über den gesamten Erdball ihren Ausgang genommen haben soll, so fällt dem Bab el-Mandeb am Südende des Roten Meeres eine Schlüsselrolle als Passage der frühen Hominiden vom »Schwarzen Kontinent« nach Eurasien zu. Während dieser Ausbreitung, deren Zeitpunkt in der Wissenschaft immer noch heftig umstritten ist, geht man allgemein davon aus, daß die Klimagürtel nach Süden verschoben waren und somit Afrika mildere und regenreichere Wetterverhältnisse aufwies, so daß heute unwirtliche Regionen seinerzeit eine tierreiche Savannenlandschaft besaßen. Gleichzeitig müßten dadurch die Polregionen erheblich kälter und entsprechend die Ausdehnung der vereisten Flächen erheblich größer gewesen sein als gegenwärtig. Diese Bindung großer Wassermassen an den Polkappen dürfte den Meerespiegel so weit abgesenkt haben, daß die Überquerung des Bab el-Mandeb, wenn nicht gar trockenen Fußes, so zumindest über eine erheblich schmälere Wasserfläche als die heute rund 26 km Breite betragende Distanz möglich war. Zum Vergleich sei darauf hingewiesen, daß Bohrungen des deutschen Forschungsschiffs Meteor auf der anderen Seite der Arabischen Halbinsel, im Persischen Golf ergeben haben, daß dieser während der letzten Eiszeit, also bis vor rund 12 000 Jahren, ebenfalls trocken lag und Euphrat und Tigris sich in einem gemeinsamen Wasserlauf seinerzeit direkt in den Indischen Ozean ergossen. Erst danach, mit der allmählichen Erwärmung und dem Abschmelzen der Polkappen, füllte sich der Golf mit Meerwasser und verfügt seit rund 3000 v. Chr. – nachdem er ein Jahrtausend zuvor noch weiter nach Norden gereicht hatte – über eine annähernd stabile Küstenlinie.
Entsprechende Funde in Gestalt von menschlichen Knochen, welche die Anwesenheit dieser frühen Hominiden in Südarabien nachweisen könnten, stehen noch aus. Allerdings kennt man mittlerweile ein breites Spektrum von Faustkeilen und anderen Steinwerkzeugen, die die Präsenz von Menschen schon für die Altsteinzeit belegen. Allerdings ist damit nicht bewiesen, daß es sich bei den Produzenten dieser Gerätschaften um die unmittelbaren Nachfahren jener erstmals aus Afrika vordringenden Urmenschen handelt, welche dann bereits in Südarabien ihre Expansion beendet hätten. Wahrscheinlicher ist, daß sie späteren Zuwanderungswellen entstammten.

Felsbilder und -inschriften

Darüber hinaus sind, vor allem in den letzten Jahren, an zahlreichen Stellen des Landes prähistorische Felsritzungen entdeckt und dokumentiert worden. Auch hier ist die exakte zeitliche Einordnung zumeist umstritten. Erschwerend kommt hinzu, daß die Felswände bis in die Gegenwart hinein als Träger von kurzen Inschriften und Kritzeleien fungieren. Hinweise auf das Alter der Darstellungen gibt der Grad der Verwitterung der Ritzungen und Gravuren, denn eine frische Eintiefung durchschneidet die Patina des Gesteins und zeichnet sich als helle Linie oder Fläche auf dem dunklen Felsuntergrund ab. Im Lauf der Zeit patiniert auch die Felsritzung und ist am Ende, nach vielen Jahrtausenden, farblich nicht mehr von ihrer Umgebung zu unterscheiden, sondern nur noch durch den Höhenunterschied. Wenn sich Felsritzungen aus verschiedenen Epochen überschneiden, kann man, da das jüngere Bild das ältere überlagert, eine relative Chronologie der einzelnen Stilstufen erstellen, die um so zuverläsiger wird, je mehr Beispiele man zur Verifizierung zur Verfügung hat. Französische Wissenschaftler konnten so – vor allem durch ihre Arbeiten im Großraum von Sa'ada – mehrere Kunstperioden ermitteln, deren älteste sie, gestützt auf Radiocarbondatierungen von organischem Material aus der unmittebaren Umgebung der Felsbilder, etwa um 7000 v. Chr. beginnen lassen.

Bei geschriebenen Texten an Felswänden, wobei die Schrift in Südarabien erst verhältnismäßig spät, nämlich wohl erst im frühen 7. Jahrhundert v. Chr., Einzug hält, kann man zur Feindatierung epigraphische Kriterien hinzuziehen, die sich jedoch, vor allem in den Anfängen der Forschung, als zunächst recht zuverlässig herausgestellt haben. Grob kann man natürlich konstatieren, daß die altsüdarabischen Schriftzeichen etwa bis zur Islamisierung des Landes im 7. Jahrhundert n. Chr. in Gebrauch waren und dann rasch vom heute noch gebrauchten Arabischen, der Schrift und Sprache des Koran, abgelöst worden sind.

Megalithische Stätten

Neben Steinartefakten und Felszeichnungen kennt man mittlerweile auch prähistorische Kultstätten. Die bedeutendste ist die Al-Hadschar al-ghaima genannte Ansammlung von Felsnadeln. Der 1970 entdeckte Fundplatz liegt am Übergang der Küstenebene der Tihama ins Bergland im Wadi Hamili bei Al-Haiz. Hier haben sich mehrere Steinkreise mit einem Durchmesser zwischen 3 und 6 Metern, eventuell die Einfassungen prähistorischer Grabstätten, erhalten. Vor allem stehen hier in mehreren Reihen, die von einer zentralen Stelle ihren Ausgang zu nehmen scheinen, schlanke Steinstelen aufrecht, deren Höhe mit wachsender Entfernung abnimmt. Gewonnen hat man die Bauteile in der unmittelbaren Umgebung, wo sie als Bündel von Trachyt-Prismen auftreten, die relativ leicht herausgebrochen werden können. Mit gewisser Wahrscheinlichkeit erfolgte die Anordnung der Felsnadeln nach astronomischen Gesichtspunkten, allerdings vollzieht die Erdachse zusätzlich zu ihrem jährlichen Sonnenumlauf alle 25 800 Jahre eine vollständige Kreiselbewegung, die sogenannte Präzession, so daß sich in diesem Zyklus, dem »Platonischen Jahr«, der Fixsternhimmel und die Planetenbahnen verschieben. So hat man zur Zeit eine Gleichung mit zwei Unbekannten: Denn wüßte man das Alter der Steinsetzungen, so könnte man ihre Ausrichtung erklären, und wüßte man, auf welche Gestirne die Felsnadeln ausgerichtet sind, könnte man unter Einbeziehung der Präzession rückberechnen, wann sie zur Aufstellung gelangten, immer vorausgesetzt, was ja auch nicht hundertprozentig gesichert ist, daß sie tatsächlich bestimmte astronomische Konstellationen widerspiegeln. Ob die bislang vorgeschlagene Datierung ins 4. oder 3. Jahrtausend v. Chr. zutrifft, können vielleicht künftige Untersuchungen und gezielte Ausgrabungen klären.

Nicht minder rätselhaft ist die 1997 durch kanadische Archäologen in den Dünen der Oase Al-Midamun in der Tihama entdeckte Ansammlung großer Monolithe aus Granit, die aus dem von hier 50 km entfernten Bergland oder von den vorgelagerten Inseln herbeigeschafft worden sein müssen. Die teils noch aufrecht stehenden, zumeist aber umgestürzten Steine sind bis zu 3 Metern hoch und rund 1 Meter breit und wiegen geschätzt bis zu 20 Tonnen. Unter einigen der großen Steine konnten die Ausgräber bei ersten Sondagen beigabenlose Kinderskelette ermitteln, so daß die gesamte Anlage wohl mit dem Totenkult in Verbindung steht. Unter einem der Monolithe trat sogar ein Hortfund von Bronzewaffen und -gerätschaften, sicher eine Votivgabe, zutage. Aufgrund dieses Metallfundes datieren die Wissenschaftler die Kultstätte in die Mitte des 3. Jahrtausends v. Chr.

Die Bronzezeit

Bevor sich in der ersten Hälfte des 1. Jahrtausends v. Chr. die südarabischen Staaten herausbildeten, die durch ihren Weihrauchhandel mit dem Mittelmeerraum berühmt wurden, gab es Vorgängerkulturen, die der Bronzezeit zuzuordnen sind. Sie rückten erst in jüngerer Vergangenheit ins Blickfeld der Wissenschaftler, erweisen sich aber – wenn auch zum gegenwärtigen Zeitpunkt statt eines zusammenhängenden Bildes eher schlaglichtartig einzelne Fundplätze ins Licht der Geschichte treten – als zunehmend bedeutender für das Verständnis der Entwicklungsgeschichte der späteren Reiche.
Eine eigenartige Fundgruppe, die bislang nur aus dem Hadramaut und dem Mahra-Land bekannt geworden ist, sind die sogenannten »Kriegerstelen«, die aus dem Übergang vom 3. zum 2. Jahrtausend v. Chr. stammen. Diese zwischen 60 cm und einem Meter hohen Grabsteine verdanken die Bezeichnung ihrer Gestalt. Die rechteckigen oder oben gewölbten Monumente weisen nämlich – eingeritzt oder im plastischen Hochrelief – mehr oder minder stark stilisierte anthropomorphe Darstellungen auf, wobei sich im oberen Teil das Gesicht mit Augen, Nase und Mund ausmachen läßt und die untere Hälfte der Stele immer von einem großformatigen Dolch mit mondsichelförmigem Griff eingenommen wird.

Kriegerstele aus dem Wadi Hadramaut

Sabir

Seit der zweiten Hälfte der 90er Jahre des 20. Jahrhunderts gräbt das Deutsche Archäologische Institut in Kooperation mit der russischen Akademie der Wissenschaften die Fundstelle Sabir, ein weitläufiges, von Scherben übersätes Gelände, sukzessive aus. Die Entfernung von Aden, in dessen flachem Hinterland es sich befindet, beträgt rund 40 Kilometer. Der Platz war schon lange bekannt, denn er wird von der Hauptstraße, die Aden mit Taizz verbindet, durchschnitten. Bedingt durch diese strategisch wichtige Lage avancierte er während des jemenitischen Bürgerkrieges von 1994 zu einem der Schlachtfelder, und da das Areal immer noch weitgehend vermint ist, können die Archäologen nur auf kleinen geräumten Flächen tätig werden.
Unter dem Meer von Scherben trat bald eine aus Lehmziegeln errichtete und nur noch in ihren untersten Lagen erhalten gebliebene Ansiedlung hervor. Inmitten dieser Baureste, welche von den Ausgräbern in die 2. Hälfte des 2. Jahrtausends v. Chr. datiert werden, stachen die Grundmauern eines exponierten Gebäudes hervor. Nach Ausweis seiner Bauweise und seiner Ausstattung dürfte es sich hierbei um einen Tempel handeln. Die Siedlung und das zentrale Kultgebäude erbrachten neben zahllosen Scherben auch Terrakottastatuetten und zahlreiche Kleinfunde. Besondere Aufregung rief die Meldung hervor, wonach die Keramik von Sabir Parallelen zu Produkten auf der anderen Seite des Roten Meeres, in Äthiopien und Eritrea, ja sogar bis hinüber in den heutigen Nordsudan, das antike Nubien, am Oberlauf des vereinigten Nil aufweisen würde. Dies warf zwangsläufig die Frage auf, ob der jemenitische Siedlungsplatz in Zusammenhang steht mit dem aus ägyptischen Quellen – allen voran dem Expeditionsbericht der Königin Hatschepsut – bekannten Gold- und Weihrauchland Punt, das am südlichen Ende des Roten Meeres zu suchen ist und auf das später noch näher eingegangen wird.

Die historische Quellenlage

Die altsüdarabische Schrift

Die ältesten auf südarabischem Boden aufgefundenen Textdenkmäler werden mit Vorbehalt in das frühe 7. Jahrhundert v. Chr. datiert, wobei dieser zeitliche Ansatz noch immer heftig umstritten ist. Zu erwartende Vorstufen der aus dieser Zeit stammenden und bereits ausgebildeten Monumentalinschriften konnten noch nicht aufgefunden werden. Auffällig ist die Ähnlichkeit des Schriftbildes mit dem Äthiopischen, bei dem es sich jedoch um eine Silbenschrift handelt.

Die altsüdarabischen Schriftzeichen stellen eine Fortführung und Weiterentwicklung der im 2. Jahrtausend v. Chr. im syrisch-palästinensischen Raum aus dem Keilschrift-Alphabet von Ugarit entwickelten phönizischen Buchstabenschrift dar, die 22 Konsonanten umfaßt. Die altsüdarabische Schrift besteht sogar aus sieben Konsonanten mehr. Vokale werden in diesen semitischen Sprachen – wie auch im heutigen Arabischen, das sich von der nabatäischen Schrift ableiten läßt – nicht festgehalten. Bei den frühesten Belegen verlaufen die Texte »bustrophedon« (»wie der Ochse beim Pflügen wendet«), das heißt, die erste Zeile wird in die eine, die darauffolgende in die entgegengesetzte Richtung geschrieben, wobei beim Richtungswechsel auch die Schriftzeichen spiegelbildliche Gestalt annehmen. Erst im Laufe der Zeit setzt sich die einheitliche Schreibrichtung von rechts nach links für alle Zeilen durch. Darüber hinaus sind in der Frühphase die Einzelbuchstaben noch unterschiedlich hoch; erst jüngere Texte weisen ein Schriftbild auf, bei welchem alle Zeichen exakt zwischen zwei parallele horizontale Linien passen. Als drittes relatives Datierungskriterium kommt hinzu, daß auch Worttrennungen durch senkrechte Striche erst später eingeführt werden; zuvor wurden die einzelnen Zeichen ohne Lücke aneinandergereiht. Bedauerlicherweise bieten diese paläographischen Details nur ungefähre Anhaltspunkte für die Datierung der Texte, da noch strittig ist, wann die jeweiligen Änderungen erfolgten. Und selbst dann ist noch nicht gesagt, daß die Neuerungen in allen Teilen Südarabiens zur selben Zeit eingeführt wurden. Bisherige Versuche, mit einer Paläographie der altsüdarabischen Schrift exakte zeitliche Einordnungen von Texten vorzunehmen, erbrachten oftmals Resultate, die in Widerspruch zu Erkenntnissen standen, welche man mit anderen Methoden gewonnen hatte. Die späteste datierbare Inschrift stammt unbestritten aus dem Jahr 669 der himyaritischen Zeitrechnung, was sich auf 559/560 n. Chr. umrechnen läßt.

Bronzetafel mit Votivinschrift sowie Löwen unter einer Palme

Apotropäische Stele mit Stierköpfen, dem Symboltier des Mondgottes Almaqah

Ein großes Manko für die Entzifferung und Datierung der altsüdarabischen Inschriften ist ihre relativ geringe Anzahl und vor allem ihre Kürze. Bedauerlicherweise kennt man nicht allzu viele lange Texte, denn zumeist beinhalten sie nur knappe Angaben mit Filiationsangaben (»X, Sohn des Y, Enkel des Z, hat ...«). Es kann sich dabei um Votiv- und Stiftungsinschriften, um Grabsteine oder um apotropäische Formeln handeln. Beispielsweise zeigt ein solcher übelabwehrender Reliefstein, der einstmals sicherlich in einer Hauswand eingelassen war und sich heute im Kunsthistorischen Museum in Wien befindet, zwei Stierköpfe in Frontalansicht, über denen sich zwei Zeilen mit dem Wortlaut »Schutzzauber des 'LZ'D und seines Bruders HLQH von (der Sippe) HB'T« befinden. Zu den wenigen rühmlichen Ausnahmen bezüglich des Textumfangs zählt der ausführliche Tatenbericht des Karib'il Watar aus Sirwah.
Außerdem entdeckte der jemenitische Archäologe und Epigraphiker Yussuf Abdallah 1977 im Wadi Qaniya zwischen Rada und Al-Bayda an einer Felswand einen 27zeiligen Text aus dem 2. oder 3. Jahrhundert n. Chr., der ein Gebet um Regen beinhaltet und das älteste gereimte Gedicht der Menschheitsgeschichte darstellt.
Zu der vornehmlich aus geraden Elementen zusammengesetzten und an Rundungen armen Schrift, die vor allem an Steindenkmälern oder Bronzetafeln zu finden ist und demnach vor allem repräsentative Zwecke erfüllt, ist in den letzten 25 Jahren noch eine gerundete »kursive« Schreibschrift hinzugetreten, die bislang aber nur auf vergänglichen organischen Materialien wie Holzstöckchen und Palmrispen belegt ist, in welche sie eingeritzt wurde. Da sich diese organischen Schriftträger nur in Ausnahmefällen bei extrem trockenen und warmen klimatischen Verhältnissen erhalten haben, ist davon auszugehen, daß ein Großteil dieser Textzeugnisse, von denen man derzeit rund hundert Beispiele kennt, im Lauf der Jahrtausende unwiederbringlich verlorengegangen ist.

Der Periplus Maris Erythraei

Eine der ergiebigsten antiken Quellen zur Topographie Südarabiens ist der sogenannte »Periplus Maris Erythraei«. Der Begriff Periplus bezeichnet die Umschiffung einer Insel oder eines Meeresbeckens und im erweiterten Sinne die Beschreibung der dabei passierten Küstenregionen vom Wasser aus. Aufzeichnungen dieser Art dienten ursprünglich vorrangig Kaufleuten zur See als Navigationshilfe, da sie neben Entfernungsangaben und Hinweisen zu den Wind- und Wasserverhältnissen auch Aufzählungen geeigneter Anker- und Hafenplätze boten. Da aber oftmals zudem Schilderungen der Flora, Fauna und Völkerschaften entlang der Seeroute gegeben wurden, fanden diese Berichte zunehmend eine an Abenteuern und exotischen Erlebnissen interessierten Leserschaft, die nicht selbst reisen konnte oder wollte. Der Nachteil dieser Entwicklung war, daß in die ursprünglich nüchternen und objektiven Seefahrerhandbücher im Zuge dieser Popularisierung schließlich auch Gerüchte, Fabeln und Legenden Einzug fanden. Zu diesen Werken der Reiseliteratur zählen beispielsweise die aus dem punischen Original übersetzte Schilderung der um 450 v. Chr. erfolgten Fahrt des kartagischen Königs Hanno entlang der afrikanischen Westküste bis ins heutige Sierra Leone, die Abenteuerberichte des Seefahrers und Geographen Pytheas von Massalia durch den Atlantik bis möglicherweise nach Irland in der 2. Hälfte des 4. Jahrhunderts v. Chr. und die Beschreibung des Kaspischen Meeres durch den im Diensten des Seleukos Nikator stehenden Flottenkommandanten Patrokles, der seine Erkundungsreise zwischen 286 und 281 v. Chr. durchgeführt haben dürfte.
Hingegen ist mit dem »Periplus Maris Erythraei« eines anonymen Autors eine nüchterne Beschreibung der Seestrecke vom Roten Meer über die südarabischen Küste und den Golf von Oman bis zum indischen Subkontinent in insgesamt 66 Kapiteln überliefert. Die Route beginnt in Myos Hormos, dem von Ptolemaios II. an der Westküste des Roten Meeres gegründeten Hafen (heute Abu Scha'ar), und endet an einer Insel Menuthias, die im allgemeinen mit Sansibar identifiziert wird, und an der noch nicht

eindeutig lokalisierten, an der Malabarküste zu suchenden Stadt Nelkynda, für die die Gleichsetzung mit Kottayam südlich von Cranganore vorgeschlagen wurde.
Die Datierung dieses topographischen Werks ist strittig. Aus der Nennung eines Nabatäerkönigs Malichas (peripl. 19) und eines weiteren Herrschers, der wahrscheinlich mit Nahapana, dem Regenten von Bombay, identifiziert werden kann, ergibt sich eine Entstehungszeit zwischen 38 und 75 n. Chr., auch wenn es spätere, auf andere Argumente gestützte Ansätze gibt. Als weiteren Herrscher nennt das Werk (peripl. 23) den in Zafar residierenden Karib'il Watar Yuhanaim unter der gräzisierten Namensform Charibael als König der Sabäer und von Himyar und bezeichnet ihn als »Freund der römischen Kaiser«. Auf jeden Fall läßt die detaillierte Beschreibung der Anlegestellen, der Völkerschaften und der auf dieser Route verhandelten Waren im »Periplus« weitreichende Rückschlüsse auf die wirtschaftlichen Kontakte des Römischen Reiches mit dem Orient zu und ist vor allem auch hilfreich bei der Identifikation antiker Ortsnamen mit heutigen Ansiedlungen. Gleichzeitig belegt der Name des Werkes, daß in der Antike der Begriff »Mare Erythraeum« nicht nur auf das eigentliche Rote Meer, sondern zumindest zeitweilig auch auf den Golf von Oman und weite Teile des Indischen Ozeans bezogen wurde.

Al-Hamdani

Zu den wichtigsten Quellen zur Geschichte des vorislamischen und islamischen Jemen zählen die kurz vor der Wende vom 1. zum 2. Jahrtausend n. Chr. niedergeschriebenen Werke des südarabischen Geographen und Historikers Al-Hassan Bin Ahmed Al-Hamdani. Abgesehen von Aufenthalten im Iraq und in Mekka zu Studienzwecken verbrachte er sein Leben im Jemen und verfaßte dort seine detaillierte »Beschreibung der Arabischen Halbinsel« (Sifat Dschesiret al-Arab), welche die geographischen Gegebenheiten seiner Heimat auflistet, wozu Stammesnamen, Ortschaften und die Wegeverbindungen zwischen ihnen ebenso gehören wie die Zusammenstellung von Wadis, Bergen und Nutzflächen. Sein zweites, ehemals zehnbändiges, aber leider nicht mehr vollständig überliefertes Werk trägt den Titel »Das Diadem« (Al-Iklil) und widmet sich der vor- und frühislamischen Geschichte des Jemen. Es beginnt mit der Genealogie der altsüdarabischen Stämme und setzt sich fort mit der Geschichte der himyaritischen Zeit und der äthiopischen Fremdherrschaft bis zur Entfaltung des Islam. Eingestreut sind neben Beschreibungen alter Bauwerke auch Sprichwörter und Schilderungen von Legenden und Traditionen. Den Abschluß bildet eine Schau auf die eigenen Wurzeln in Gestalt der Genealogie seines eigenen Stammesverbandes der Hamdan. Sein unmittelbares politisches Umfeld war geprägt vom Konflikt zwischen den Zaiditen im Norden des Landes und den Qarmaten, in welchem sich Al-Hamdani offensichtlich selbst engagierte. Als Folge dessen wurde er mehrfach inhaftiert und soll auch im Gefängnis von Sana'a verstorben sein. Als sein Todesjahr gilt 945 n. Chr.

»Arabien« in den altorientalischen Quellen

Der Begriff Arabien geht auf die altorientalischen Hochkulturen zurück, wo mit Arabi zunächst nur die Völkerschaften im Norden der Halbinsel bezeichnet wurden. Er ist dann von den Griechen und danach den Römern übernommen und auf die gesamte Halbinsel übertragen worden, wobei Arabien anfänglich in einen wüstenhaften Teil, »Arabia deserta«, im Norden, und den fruchtbaren Süden, »Arabia felix«, das »glückliche Arabien, untergliedert wurde. Im 6. Buch seiner »Geographia« nahm dann der antike Astronom und Kartograph Klaudios Ptolemaios, der in der Mitte des 2. Jahrhundert n. Chr. vornehmlich in Alexandria wirkte, als erster eine Dreiteilung der Arabischen Halbinsel vor: An »Arabia Petraea«, benannt nach der Nabatäer-Hauptstadt Petra, im Norden, das sich annähernd mit der späteren römischen »Provincia Arabia« deckte, schloß er nach Süden hin »Arabia Deserta« an, und den südlichsten Teil bildete »Arabia Felix«.

Als früheste Erwähnung der Araber in der Bibel gilt eine Passage im alttestamentlichen Buch Jeremia (XXV 24), das wohl um 600 v. Chr. entstand. In diesem Text werden »alle Könige ... von Dedan, Tema, Bus und alle mit gestutztem Haar, alle Könige Arabiens und alle Könige des Völkergemischs, das in der Wüste wohnt« dem göttlichen Strafgericht anheimgestellt. Im, – allerdings erst später als die in ihm geschilderten Ereignisse niedergeschrebenen – alttestamentlichen 2. Buch der Chronik (2 Chr. XVII 11) brachten die Araber dem israelischen König Joschafat, der im 9. Jahrhundert v. Chr. lebte, jeweils 7700 Schafe und Ziegenböcke als Tribut.
Die älteste zeitgenössische Nennung der Araber findet sich in einem Keilschriftdokument, dem Feldzugsbericht, den der Assyrerkönigs Salmanassar III. (858-824 v. Chr.) anläßlich der Schlacht von Qarqar nordwestlich von Hama am Orontes im Jahre 853 v. Chr. abfassen ließ. Er erwähnt darin, daß an den Kämpfen ein Araberfürst namens Gindibu mit 1000 Kamelreitern als Verbündeter des aufständischen Königs von Damaskus teilgenommen hat. Ein Jahrhundert später nennt Tiglatpileser III. (745-727 v. Chr.) in einem seiner Tatenberichte ein ihm tributpflichtiges Königreich Aribi. Im Zusammenhang mit der Diskussion um die Existenz der Königin von Saba ist bemerkenswert, daß dem Araber-Reich zur Zeit Tiglatpilesers III. ebenfalls eine Frau, Zabibe, Königin des Arabi-Reiches von Qedar, vorstand. Derselbe Assyrerkönig überliefert darüber hinaus, daß eine weitere Regentin der Araber, die ihren Vasalleneid gebrochen und bei einem anschließenden Vergeltungsfeldzug der Assyrer ihre Streitmacht und ihr Reich verloren hatte, nach Bazu in Ost-Arabien fliehen mußte. Da sie dort keine Unterstützung erhielt, kehrte sie zurück und unterwarf sich reumütig. Um einer drohenden assyrischen Invasion zuvorzukommen, entrichteten sieben arabische Städte und/oder Stämme freiwillige Tributzahlungen, darunter auch Taima und Saba. Zu den abgelieferten Waren zählte einer Auflistung zufolge neben Kamelen und Gewürzen auch Räucherwerk. Ein anderer Keilschrifttext, der über denselben Vorgang berichtet, fügt zu den genannten Abgaben noch Gold und Silber hinzu. Sanherib (705-681 v. Chr.) besiegte Hilfstruppen der Arabi, die im Heer der rivalisierenden Babylonier tätig waren. In diesem Zusammenhang wird Hazael als König der Araber genannt. Das Reich von Aribi war den Assyrern mindestens noch unter Asarhaddon (680-669 v. Chr.) tributpflichtig, als dieser dem Hazael die von seinem Vorgänger als Kriegsbeute fortgeschleppten Götterbilder zurückgab, ihm aber dafür eine in Assyrien aufgewachsene und erzogene Frau namens Tabua als Mitregentin über die Araber zur Seite stellte. Auch unter den nachfolgenden assyrischen Herrschern erscheinen die Araber immer wieder in den historischen Texten, meist als Aufständische, die in Feldzügen permanent zur Raison gebracht werden mußten. Als nach dem Untergang Assyriens die Babylonier die Herrschaft in Mesopotamien übernommen hatten, unternahm deren letzter König Nabonid (555-539 v. Chr.) im Jahre 552 v. Chr. einen Feldzug gegen das arabische Königreich von Taima und stieß von dort aus bis nach Yathrib, das heutige Medina in Saudi-Arabien, vor. In Inschriften des Perserkönigs Kyros' II. (559-529 v. Chr.), der dem Babylonischen Großreich 539 ein Ende bereitet hatte, erscheint das unterworfene Gebiet zwischen Mesopotamien und Ägypten unter der Bezeichnung Arabaya.
Für die wenig später folgende Herrschaft Dareios' I. (521-486 v. Chr.), des Schöpfers des Persischen Großreiches, gibt auch Herodot Informationen zum persisch-arabischen Verhältnis: »Dareios, Hystaspes' Sohn, wurde also als König anerkannt, und mit Ausnahme der Araber waren ihm alle Völker Asiens untertänig, welche Kyros und nachher wieder auch Kambyses unterworfen hatte. Wirkliche Untertanen der Perser waren die Araber auch niemals gewesen, doch sie waren ihre Freunde, weil sie Kambyses nach Ägypten durchhalfen; denn wenn die Araber es nicht zugelassen hätten, wären die Perser nicht nach Ägypten gekommen. (III 88).« Und wenig später (III 97) heißt es bei Herodot im Zusammenhang mit der Beschreibung der zwanzig steuerpflichtigen Satrapien, in welche Dareios das Reich unterteilt hatte: »Indessen haben auch noch einige

andere Völker [außer den Persern selber] keine Steuern zu zahlen, sondern nur freiwillige Abgaben zu entrichten... Auch die Araber entrichten alle Jahre tausend Talente Weihrauch.«

Da vor allem in den assyrischen Keilschrifttexten immer wieder allein regierende Königinnen genannt werden und sie auch dann, wenn ihnen ein Herrscher zur Seite steht, eine prominente Rolle spielen, müssen damals die Frauen in Arabien wesentlich größere Freiheiten genossen haben als heute, wo ihnen beispielsweise in Saudi-Arabien grundlegende Rechte vorenthalten werden und es ihnen nicht einmal erlaubt ist, Auto zu fahren. Das einzige Land auf der Arabischen Halbinsel, in welchem derzeit die Frauen das aktive und passive Wahlrecht ausüben können, ist der vermeintlich rückständige Jemen!

Die soeben aufgelisteten Ereignisse spielten sich zumeist im Norden, gelegentlich auch in der Mitte der Arabischen Halbinsel ab. Doch erwähnen die altorientalischen Quellen gelegentlich auch die Völkerschaften des Südens. Bereits erwähnt wurde, daß in der Auflistung der Völker, die dem Assyrerkönig Tiglatpileser III. (745-727 v. Chr.) nach dessen Sieg über eine nicht näher namentlich genannte arabische Königin freiwillig Tribute in Form von Kamelen, Weihrauch und Gewürzen leisteten, auch Taima und Saba erscheinen. Sargon II. (722-705 v. Chr.) nahm aus der Hand des sabäischen Fürsten Yath'i'amar ebenfalls Tribute und Geschenke entgegen. Unter Sargons Nachfolger Sanherib (705-681 v. Chr.) scheinen die Sabäer regelrecht freundschaftliche Beziehungen zu den Assyrern unterhalten zu haben, denn ihr König Karib'il sandte einen umfangreichen Schatz anläßlich der Grundsteinlegung für den Neujahrs-Tempel nach Mesopotamien. Wahrscheinlich ist dieser sabäische Herrscher identisch mit Karib'il Watar, dessen in Sirwah befindliche Triumphinschrift praktisch die Gründungsurkunde des sabäischen Königreiches darstellt.

Nicht unerwähnt soll als abschließender Beleg für die Nennung von Saba die alttestamentliche Wehklage des Propheten Hesekiel (XXVVII 22) über das traurige Schicksal der vormals glanzvollen libanesischen Hafenstadt Tyros aus der Zeit kurz vor 570 v. Chr. bleiben: »Dedan war dein Händler für Satteldecken, Arabien und alle Fürsten von Qedar, sie waren Kaufleute in deinen Diensten ... Händler von Saba und Ragma trieben Handel mit dir. Für den besten Balsam, für alle Arten von Edelsteinen und Gold gaben sie deine Waren. Harran, Kanne und Eden, die Händler von Saba, Assur, ganz Medien trieben Handel mit dir ... Jetzt liegst du zerbrochen im Meer, in den Tiefen der Fluten.«

»Arabia felix« und seine legendären Reichtümer

Ein illustres Bild davon, welche phantasievollen Vorstellung die griechischen und römischen Autoren von Südarabien und seinen vermeintlich legendären Reichtümern hatten, vermittelt im 1. Jahrhundert v. Chr. Diodorus Siculus, der – ebenso, wie die meisten seiner Kollegen – nie vor Ort war, sondern alle seine Kenntnisse nur aus zweiter und dritter Hand bezog: »Der Teil Arabiens, welcher an das wüste und wasserlose Land stößt, unterscheidet sich von diesem so sehr, daß er wegen der Menge der hier gedeihenden Früchte und sonstiger Schätze Arabia Felix (Glückliches Arabien) genannt wird. Rohr und Binsen nämlich, und das andere Holzwerk sind hier wohlriechend, und in so großer Menge sie auch wachsen; und überhaupt verbreiten Blätter aller Art und Harz, das der Rinde enttropft, mannigfache Wohlgerüche, und der von den Göttern so geliebte Wohlgeruch, der Weihrauch, der über alle Welt gesendet wird. Auch Kostos und Kassia und Zimt wachsen hier in so hohen Stengeln und so dichten Büscheln, daß man, was anderswo nur sparsam auf die Altäre der Götter gestreut wird, hier zum Heizen der Öfen gebraucht... Aber auch noch anderen fruchttragenden Gewächsen entfließt duftendes Harz und läßt einen den sich Nahenden entzückenden Wohlgeruch entströmen. Ja sogar der Boden atmet einen Dunst, der süßen Wohlgerüchen gleicht, weshalb denn auch in einigen Gegenden Arabiens, wenn man in der Erde gräbt, wohlriechende Adern gefunden werden, bei deren Anbruch unerschöpfliche Steinbrüche zum Vorschein kommen. Aus solchen Steinen baut man dort auch die Häuser, und wenn Regentropfen fallen, löst sich ein Teil durch die Feuchtigkeit auf und rinnt in die Fugen der Steine zusammen und verkittet, wieder hart geworden, die Mauer aufs festeste.«

Weihrauch und Myrrhe

Die beiden Haupthandelsgüter Alt-Südarabiens, Weihrauch und Myrrhe, sind jeweils gummiartige Baumharze, die bei Normaltemperaturen fast geruchlos sind, aber beim Verbrennen ihren intensiven aromatischen Duft freigeben. Beim Weihrauch handelt es sich um die Ausscheidungen des Boswellia-Strauches (Boswellia Carteri), bei der Myrrhe um ein Produkt des Commiphora-Bäumchens. Beide Pflanzen zählen zu der vor allem in Südarabien, Ostafrika und Indien verbreiteten Familie der Balsambaumgewächse.
Der wertvolle Rohstoff wird gewonnen, indem die Stämme der genannten Sträucher angeschnitten werden, woraufhin das Harz austritt, welches an der Luft zu festen, leicht transparenten Klumpen erstarrt, deren Farbspektrum von fast schneeweiß über gelb und rot bis dunkelbraun variieren kann. Daß die Ernte bevorzugt im Hochsommer während der »Hundstage« stattfand, wußte in der Mitte des 4. Jahrhunderts v. Chr. schon der griechische Gelehrte Theophrast von Eresos (auf der Insel Lesbos) in seinem botanischen Werk zu berichten. Plinius präzisiert später, daß man aufgrund der gestiegenen Nachfrage von nur einer Ernte pro Jahr auf zwei umgestiegen sei, wobei das im Sommer durch Anschneiden der Äste zum Austreten gezwungene und nach dem Eintrocknen im Herbst geerntete Baumharz qualitätvoller und damit teurer war als das im Winter produzierte und im Frühjahr gesamelte, welches sich auch durch seine rotbraune Farbe vom wertvolleren weißen Harz des Sommers unterscheiden ließ.
In der Pharmazie ist Weihrauch unter der Bezeichnung »Gummi olibanum« gebräuchlich, Myrrhe findet dort häufig aufgrund seiner desinfizierenden Eigenschaften als alkoholischer Auszug (Myrrhentinktur) zur Behandlung von Entzündungen im Bereich von Mundhöhle und Rachen Verwendung. Neuere chemische Analysen ergaben, daß beim Abbrennen dieser Baumharze auch Halluzinogene freigesetzt werden, allerdings nur in geringfügigen Mengen, die beim Menschen keine Sinnestäuschungen hervorrufen können.

Die Gewinnung der Aromata

Zur Weihrauchernte in der Antike gibt Plinius in seiner Naturgeschichte widersprüchliche Angaben: Einerseits (nat. IX 4 f.) hatten nur 3000 Familien das durch Erbfolge weitergegebene Recht, das Einsammeln des wertvollen Baumharzes vorzunehmen: »Außer ihnen (den Minäern) kennt kein anderer Araber den Weihrauchbaum vom Augenschein, ja nicht einmal jene alle, denn es sollen nicht mehr als 3000 Familien sein, die sich dieses Recht durch Erbfolge zu erhalten wissen, sie sollen deshalb »Heilige« genannt werden, sich auch nicht, wenn sie die Bäume einschneiden oder ernten, durch Umgang mit Frauen und Teilnahme an Leichenbegängnissen verunreinigen, und auf diese Weise werde der heilige Wert der Ware erhöht.« An anderer Stelle (nat. XII 54) behauptet Plinus jedoch, daß die Ernterechte alljährlich neu vergeben worden seien und ungehinderter Zugang zu den unbewachten Baumkulturen möglich war. Schenkt man dem »Periplus Maris Erythraei« Glauben (peripl. 29), so sollen Sträflinge und Sklaven des Königs die Ernte vorgenommen haben, wobei das ungesunde feuchtwarme Klima unter den Zwangsarbeitern zahlreiche Todesopfer fordern würde, »da diese Tätigkeit äußerst ungesund sei und fast immer zum Tod führe. Selbst vorbeisegelnde Schiffe würden durch die Ausdünstungen zu Schaden kommen.«

Diese dramatische Schilderung der drohenden Gefahren war möglicherweise eine von den Weihrauchproduzenten lancierte Schreckensmeldung, um ungebetene Gäste von den ertragreichen Baumkulturen fernzuhalten. Ein noch drastischeres Bild von den Verhältnissen in den Weihrauchplantagen zeichnet Herodot, wenn er schreibt (III 107 f.): »Im Süden wiederum ist Arabien das äußerste bewohnte Land, und dies ist das einzige, wo Weihrauch, Myrrhe, Kassia, Zimt und Ledanon wachsen. Das alles, außer der Myrrhe, gewinnen die Araber nur mit Mühe. Um Weihrauch sammeln zu können, verbrennen sie Styrax-Harz, das die Phönizier nach Griechenland einführen; denn wenn sie das verbrennen, können sie herankommen. Die Bäume, auf denen der Weihrauch wächst, werden nämlich alle von zahllosen kleinen, bunten, geflügelten Schlangen bewacht, eben denen, welche auch in Schwärmen nach Ägypten ziehen und die man nur durch den Styrax-Rauch von den Bäumen vertreiben kann. Die Araber aber behaupten auch, die ganze Erde würde von diesen Schlangen überfüllt werden, wenn es ihnen nicht so ginge, wie es den Nattern ergeht. Daraus sieht man wieder, wie Weise es die Gottheit eingerichtet hat. Denn alle ungefährlichen und eßbaren Tiere bringen zahlreiche Junge zur Welt, damit man immer Nahrung vorfindet, die wilden und schädlichen aber nur wenige ... Nun aber beißt sich das Weibchen bei der Begattung in dem Augenblick, wo das Männchen seinen Samen ausläßt, an dessen Halse fest und läßt nicht los, bis es ihn durchgebissen hat. So stirbt das Männchen. Das Weibchen aber muß dafür büßen. Die Jungen rächen nämlich noch im Mutterleibe ihren Vater, indem sie die Gebärmutter zerbeissen und sich durch den Bauch fressen und so zur Welt kommen. Die übrigen Schlangen aber, die dem Menschen nicht gefährlich sind, legen Eier und haben eine sehr große Nachkommenschaft. Nattern gibt es überall auf der Erde, die geflügelten Schlangen aber nur in Arabien und sonst nirgends...«.
Auch für einen anderen in antiken Quellen genannten Exportartikels Südarabiens, die Kassia-Pflanze, bei der es sich zu Zeiten Herodots noch um eine Variante des Zimts, in der römischen Kaiserzeit dann auch um eine Leguminosen-Art handelt, kennt der Historiker (III 110) eine abenteuerliche Geschichte: »Weihrauch gewinnen die Araber so, Kassia aber auf folgende Weise: Sie bewickeln sich den ganzen Körper, auch das Gesicht mit Ausnahme der Augen, mit Tierfellen, frischen oder auch anderen, und gehen dann hin, um Kassia zu schneiden. Diese Pflanze wächst in einem See, der zwar nicht sehr tief ist, um den und an dem sich aber geflügelte Tiere aufhalten, die große Ähnlichkeit mit Fledermäusen haben und mit entsetzlichem Geschrei beherzt die Menschen anfallen. Die müssen sie sich von den Augen abwehren und so die Kassia schneiden.«
Bei der angeblichen Technik der Ernte von Zimt deutet Herodot (III 111) an, daß Zimt ein importiertes Fremdprodukt ist, während man in späteren antiken Quellen den Eindruck gewinnt, auch die – tatsächlich in Süd- und Südostasien wachsenden – Zimtbäume würde man in Südarabien lokalisieren. Es scheint aber damals unbekannt gewesen zu sein, daß es sich bei den Zimtröllchen um Stücke einer aromatischen Baumrinde handelt: »Zimt aber verschaffen sie sich auf eine noch merkwürdigere Weise. Wo er herkommt und in welchem Lande er wächst, wissen sie nicht; die aber mögen wohl recht haben, wenn sie sagen, er wachse in der Gegend, wo Dionysos aufgezogen worden sei. Sie behaupten, große Vögel brächten jene Zweige mit, die wir mit der phönizischen Bezeichnung Zimt nennen, und trügen sie in ihre Nester, die sie aus Kot bauten, hoch oben an steilen Felswänden, wo kein Mensch hinkönnte. Da wüßten sich die Araber so zu helfen: Sie schnitten tote Kühe, Esel und andere Zugtiere in recht große Stücke, brächten sie in jene Gegend, ließen sie in der Nähe der Nester liegen und gingen dann ihrer Wege. Dann flögen die Vögel herunter und trügen die Stücke in ihre Nester. Die aber zerbrächen unter der zu schweren Last und fielen auf die Erde. Dann kämen die Araber wieder und sammelten den Zimt, von ihnen aber käme er nachher in andere Länder.«
Als letzten Duftstoff erklärt Herodot (III 112) die angebliche Herkunft des Ledanon, eines wohlriechendes Harzes, das in Wirklichkeit von Blättern und jungen Zweigen

verschiedener Cistus-Arten ausgesondert wird: »Aber noch merkwürdiger ist es, wie sie Ledanon gewinnen, das die Araber Ladanon nennen. Denn es kommt von einer sehr übelriechenden Stelle und riecht doch selber wunderschön. Es findet sich nämlich im Barte der Ziegenböcke wie Schimmel am Holze. Es dient zu allerlei Salben, und die Araber räuchern hauptsächlich damit.«

Der Vollständigkeit halber soll noch auf Herodots (III 113) abschließende Äußerung zur Fauna Südarabiens eingegangen werden: »Soviel von dem Räucherwerk, vom dem es in Arabien so lieblich riecht. Es gibt dort auch zweierlei merkwürdige Schafe, wie sie anderswo nirgends vorkommen. Die einen haben lange Schwänze, wohl drei Ellen lang. Wenn man sie die nachschleppen ließe, rieben sie sich die Schwänze an der Erde wund. Nun aber machen die Schäfer, die sich alle soweit auf Tischlerarbeit verstehen, kleine Wägelchen, die sie ihnen unter die Schwänze binden, und jedes Schaf hat solch einen kleinen Wagen unter dem Schwanz. Die anderen aber haben breite Schwänze, bis zu einer Elle breit.«

Die Weihrauchgebiete

Herodot gebührt zumindest das Verdienst, als erster die wahre Heimat des Weihrauchs ermittelt zu haben, wenn er feststellt: »Im Süden wiederum ist Arabien das äußerste bewohnte Land, und dies ist das einzige, wo Weihrauch, Myrrhe, Kassia, Zimt und Ledanon wachsen.« Zuvor hatten es die Phönizier, die von ihren Hafenstädten an der syrisch-libanesischen Küste das aus dem Süden bezogene Baumharz über das Mittelmeer distributierten, geschickt verstanden, dessen Herkunftsgebiet zu verschleiern. Deswegen läßt sich auch der heutige Landesname »Libanon« von der phönizischen Benennung des Rohstoffs als »lbnt« ableiten, was wiederum vom semitischen »liban« für »milchfarben« herkommt. Die alten Griechen übernahmen den Begriff als »Libanotos«, und noch heute heißt dort der Weihrauch »Libani«.

Theophrast von Eresos weiß in seinem botanischen Werk (IX 4,2) nicht nur zu berichten, daß »Olibanum und Myrrhe auf der Halbinsel der Araber, in der Gegend von Saba, Hadramyta, Kitibaina und Mamali« wächst, sondern dort »sowohl wild auf dem Gebirge als auch kultiviert am Fuß des Gebirges.« Seine weitere Feststellung, daß Weihrauch in den Tempeln des Sonnengottes gesammelt und dort weiterverkauft werden würde, läßt darauf schließen, daß es eventuell ein Handelsmonopol der Priesterschaft gegeben hat.

Ergänzend heißt es bei Strabo (XVI 4,25) neben der Aussage, daß der Weihrauch nur im Süden Arabiens wachse, daß dabei die besseren Sorten in der östlichen Gebietshälfte nahe dem Persisch-arabischen Golf, also auf dem Boden des heutigen Oman, vorkommen.

Der erste antike Autor, der in Erfahrung bringen konnte, daß Weihrauch und Myrrhe auch auf der afrikanischen Seite des Roten Meeres, also im heutigen Somalia, wachsen, ist Artemidoros von Ephesos, der am Übergang vom 1. zum 2. Jahrhundert n. Chr. wirkte. Bei Diodorus Siculus steht das Reich von Saba als Synonym für die Aromata Südarabiens: »Die Sabäer wohnen im glücklichen Arabien, ... (sie) haben so viel Balsam, Kassia, Zimt, Kalmus, Weihrauch, Myrrhe, Palmen und andere wohlriechende Gewächse, daß das ganze Land von einem wahrhaft göttlichen Wohlgeruch durchzogen ist.« Ähnlich außert sich Plinius (nat. VI 161): »Die Sabäer (sind) die wohlhabendsten durch den Reichtum der Wälder an Räucherwerk, durch Goldgruben, Bewässerung ihrer Ländereien und den Gewinn von Honig und Wachs.«

Plinius verdanken wir die ausführlichsten Angaben zur Topographie Südarabiens und seiner Vegetation, der sie über mehrere der Bücher seiner Naturgeschichte verteilt hat. Im 12. Buch (XII 51 ff.) schreibt er, daß Südarabien seine Beinamen »Glücklich (felix)« und »gesegnet (beata)« dem Ertrag seiner Weihrauch- und Myrrhebäume verdanken würde und schildert dann: »Weihrauch gibt es aber nur in Arabien und nicht einmal hier überall. Ungefähr in der Mitte Arabiens wohnen die Hadramiter, ein

Bezirk der Sabäer, mit der Hauptstadt ihres Gebietes Sabota auf einem hohen Berge, von dem acht Tagreisen entfernt die Weihrauch tragende Gegend liegt, Sariba genannt, was nach Ansicht der Griechen »Geheimnis« bedeutet. Sie ist ausgerichtet auf den Sonnenaufgang im Sommer, überall durch Felsen unwegsam und zur Rechten vom Meer begrenzt, das durch Klippen den Zugang verhindert. Der Boden soll hier aus dem Rötlichen ins Milchfarbene übergehen. Die Länge der Wälder beträgt zwanzig Schoinoi, die Breite die Hälfte davon. Nach Berechnungen des Eratosthenes besteht ein Schoinos aus vierzig Stadien, das heißt 5000 Schritten; einige haben dem Schoinos nur 32 Stadien gegeben. Dort erheben sich hohe Hügel, und die wild wachsenden Bäume reichen auch in die Ebenen hinab. Der Boden ist, wie man allgemein urteilt, reich an weißem Ton, mit seltenen und natronhaltigen Quellen. Daran grenzt auch das Gebiet der Minäer, ein anderer Bezirk, durch den auf einem einzigen schmalen Pfad die Ausfuhr erfolgt. Dieses Volk hat zuerst den Weihrauchhandel betrieben und treibt ihn noch am meisten, wonach der Weihrauch auch der »Minäische« heißt.« Es folgt die bereits erwähnte Schilderung der kultischen Reinigungsvorschriften für diejenige, welche die Ernte vornehmen. Abschließend hält Plinius fest: »Einige behaupten, der Weihrauch in den Wäldern gehöre diesen Völkern gemeinsam, nach anderen sollen sie sich abwechselnd jedes Jahr darein teilen.«
Zu den Episoden im Umfeld des Weihrauchhandels, die sich bei Plinius (nat XII 83) finden, ist die bekannteste wohl jene, wonach Kaiser Nero anläßlich des Leichenbegräbnisses seiner verstorbenen Gemahlin Poppaea Sabina die gesamte Jahresernte an Weihrauch aufgekauft und verbrannt haben soll. Die bei Plinius genannten Zahlenangaben lassen auf eine jährliche Produktion des Duftstoffes von 2500 bis 3000 Tonnen schließen.
Um die Zeitenwende konnte im syrisch-palästinensischen Raum für ein Pfund Weihrauch ein Erlös von etwa sechs Denare erzielt werden, was einem Betrag entspricht, den seinerzeit ein Arbeiter in zwei Wochen verdiente. Beim Weitertransport im Römischen Reich kamen zu diesem Betrag noch die Einfuhrzölle hinzu. Myrrhe soll sogar bis zu doppelt so viel wie Weihrauch gekostet haben.

Weihrauchstraße und Indienhandel

Die »Weihrauchstraße«, auf welcher die Gewürze und Aromata Südarabiens ans Mittelmeer transportiert wurden, war keine feststehende ausgebaute Trasse ähnlich dem Straßennetz, welches das Römische Reich durchzog, auch wenn sich die auf diesem traditionsreichen Handelsweg entlangziehenden Kamel-Karawanen an den auf ihrer Route liegenden Wasserstellen orientieren mußten. Die genaue Kenntnis der Brunnen und möglicher Ausweichrouten, falls sich eine Passage als kurzfristig unpassierbar erwies, war das sicherlich gut gehütete Geheimnis der Karawanenführer. Sie wußten auch, an wen Zahlungen in welcher Höhe zu entrichten waren, damit die Handelszüge unter dem Schutz der Stammesgruppierungen standen, deren Territorium man gerade durchquerte, und damit von Überfällen und Plünderungen verschont blieben. Welch hohes Ansehen diese Berufsgruppe wohl auch in Südarabien genossen hat, kann man erahnen, wenn man bedenkt, daß in der Großoase Palmyra im heutigen Syrien die Karawanenführer, welche sich mit den Titeln »archemporoi« und »synhodiarchai« schmückten, gleichzeitig die Machtelite stellten und die politischen Entscheidungen trafen. Die geglückte Organisation und sichere Führung einer Karawane zum Zielort und zurück nach Palmyra war es dort jedesmal wert, dem verantwortlichen Leiter eine Statue entlang der Kolonnadenstraße oder auf der Agora zu stiften.

Kamele als Lasttiere

Unabdingbare Voraussetzung dafür, daß Waren aus dem Jemen über den Wüstengürtel der Arabischen Halbinsel nach Norden transportiert werden konnten, war die Domestikation des Kamels, genauer gesagt, des Dromedars (Camelus dromedarius), da die

Cameliden Arabiens – anders als ihre zentralasiatischen Verwandten, die Trampeltiere (Camelus bactrianus), welche beispielsweise entlang der Seidenstraße zum Einsatz kamen — einhöckerig sind. Nur Dromedare sind dem unwirtlichen Lebensraum der Wüsten und ihren gelegentlichen Sandstürmen durch breite, gepolsterte Fußsohlen, verschließbare Nasenlöcher und vor allem ihrem fettspeichernden Höcker optimal angepaßt, so daß sie nicht nur über einen längeren Zeitraum von bis zu 17 Tagen ohne Zufuhr von frischem Trinkwasser überleben, sondern dabei auch schwere Lasten transportieren können. Wann die Domestikation des Dromedars erfolgte, ist umstritten, einig ist man sich nur, daß dieser Prozeß auf der Arabischen Halbinsel stattgefunden hat. Auf den großen Steinquadern der Grabtumuli des 3. Jahrtausends v. Chr. in der Oase Al-Ain, welche sich der Oman und Abu Dhabi teilen, sind zwar Dromedare im Relief abgebildet; da Arabien jedoch die natürliche Heimat dieser Tiere ist, läßt sich nicht bestimmen, ob hier wilde oder bereits gezüchtete Vertreter ihrer Art wiedergegeben sind. Denn die Darstellungen zeigen nur die reinen Tiere – ohne Sattel, Haltestricke oder ähnliche Gerätschaften, welche auf menschliches Zutun hinweisen würden. Die Auswertung von Knochenfunden ist ebenso problematisch, da bei Kamelen die Unterschiede zwischen wilden und gezähmten Individuen kaum ausgeprägt sind. Allgemein geht man davon aus, daß die Tiere spätestens in der Mitte oder der zweiten Hälfte des 2. Jahrtausends v. Chr. domestiziert wurden und sich von dort aus allmählich weiter nach Nord-Afrika verbreitet haben. In Ägypten beispielsweise tritt das Kamel erst während der Fremdherrschaft der Perser, welche Kamelreiter in ihrem Heer hatten, ab dem letzten Viertel des 6. Jahrhunderts v. Chr. und dabei zunächst nur vereinzelt in Erscheinung; erst kurz vor der Zeitenwende, also unter den (griechischen) Ptolemäern und den nachfolgenden Römern, ist es dort und im übrigen Nordafrika als Lasttier etabliert. Auch der Name »Dromedar«kommt aus dem Griechischen und bedeutet »Lauftier«, während »Kamel« semitische Wurzeln haben dürfte.

Der aus Südarabien nach Norden transportierte Weihrauch war zwar ein Produkt, dessen Gewinnung saisonal war; andererseits verdarb das Baumharz bei entsprechender Lagerung nicht so leicht wie Lebensmittel. Deswegen müssen die Karawanen nicht zwingend nur einmal pro Jahr und immer zur selben Jahreszeit aufgebrochen sein. Allzu viele Karawanen wird es jedoch auch nicht gegeben haben, denn es spricht vieles dafür, daß man für jeden Zug riesige Herden zusammenstellte, die aus mehreren hundert, wenn nicht sogar aus über tausend Tieren und mehreren hundert Mann Begleitpersonal, welches unterschiedlichste Aufgaben wahrnahm, bestanden. Geht man von tausend Dromedaren aus, die jeweils mit 250 Kilogramm Waren beladen waren, ergibt sich ein Gesamtaufkommen von 250 Tonnen Fracht – etwa die Menge, die zu jener Zeit auch die Handelsschiffe im Durchschnitt faßten. Der materielle Wert der Ladung läßt sich nur schwer berechnen. Er dürfte nach heutiger Umrechnung in die Millionen gegangen sein. Am nördlichen Ende der Weihrauchstraße, im Hafen von Gaza, hatten die Händler, welche als letztes Glied der Transportkette die Güter auf dem Seeweg über das Mittelmeer nach Rom verschifften, bereits immense Beträge an die Karawanenführer zu entrichten. An den Grenzen des Römischen Reiches wurden auf den Warenwert nochmals 25 Prozent Luxussteuer aufgeschlagen. So nimmt es nicht wunder, daß die römischen Endabnehmer des exklusiven Räucherwerks dessen Ursprungsort als »Arabia felix« bezeichneten. Doch wanderten diese Geldbeträge ja nicht als Reingewinn in die Taschen der Karawanenführer. Vielmehr mußten auf der langen Wegstrecke laufend Schutzgelder und Transitabgaben entrichtet und Nahrungsmittel nachgekauft werden. Je größer der Troß war, desto höher fiel auch der logistische und finanzielle Aufwand aus, denn jeder, der durch die Wüste zog, Mensch wie Tier, mußte ausreichend versorgt werden, um die strapaziöse Tour zu überstehen. Gegebenenfalls mußten »Durststrecken«, auf denen es keine Brunnen gab, durch das Mitführen entsprechender Wasservorräte überbrückt werden.

erkennen ist. Wie auf den antiken Reliefdarstellungen scheint auch in natura die helle Mondsichel breiter zu sein als die schwarze Restscheibe und vor ihrem dunklen runden Hintergrund überzustehen.

Kultbauten

Das charakteristischste Element der altsüdarabischen Tempel sind die schlanken Steinpfeiler mit quadratischem Querschnitt, welche bereits die Portiken vor den Eingängen in die Heiligtümer stützen und dann auch die Überdachung des eigentlichen Tempelgebäudes tragen. Vielfach besitzen diese Monolithe keine Kapitelle, so daß die ebenso schlicht gestalteten Architravbalken unmittelbar auf ihnen liegen. Um dieser Konstruktion besseren Halt zu geben, besitzen die Stützpfeiler zumeist an ihrer Oberseite einen niedrigen Zapfen, der mit einem quadratischen Bohrloch auf der Architravunterseite korrespondiert. In seltenen Fällen weisen die Pfeiler auch Kapitelle auf, die nur wenig auskragen und dann mit gestaffelten, sich überlappenden Rechteckfeldern dekoriert sind. Zumeist wurden die Heiligtumer auf Podien errichtet, zu denen an der Vorderfront Stufen hinaufführen. Trotz dieser Gemeinsamkeit gibt es mehrere Bautypen. Sie reichen von schlichten Ummauerungen ohne Stützen, wie es auf dem Dschebel Balaq al-Ausat oberhalb des Staudammes von Marib zu finden ist, bis hin zu mehrfach unterteilten pfeilergestützten Hallen, die in der Regel an der rückwärtigen Schmalseite über drei nebeneinanderliegende Kulträume verfügen. Manchmal ist den sakralen Stätten ein rechteckiger Hof vorangestellt, der allseitig von Portiken umgeben sein kann, die dann wiederum die typischen monolithen Steinpfeiler aufweisen; manchmal schließt sich ein offener Platz erst hinter den überdachten Sakralgebäuden an, und dann kann er, wie beim Awwam-Tempel von Marib und dem Almaqah-Tempel von Sirwah der Fall, auch oval ausfallen.

Auffällig ist, daß sich in mehreren Fällen die Tempel außerhalb der ummauerten Ansiedlungen, dabei offensichtlich bevorzugt im Osten, befinden. So verhält es sich bei den beiden Almaqah-Heiligtümern von Marib und beim Haupttempel der Minäer-Hauptstadt Ma'in. Damit waren die Kultstätten stets frei zugänglich und bedurften – wohl dank der offensichtlich allgemein akzeptierten magischen Kräfte der in ihnen verehrten Gottheiten – nicht des Schutzes durch Stadtmauern, auch wenn es innerhalb dieser Umwallungen, wie das Beispiel Baraqisch zeigt, ebenfalls Kultstätten gegeben hat. Diese stellten dann sicher, daß auch während feindlicher Belagerungen die Kulthandlungen für die Stadtgötter, auf deren Protektion man im Kriegsfall besonders angewiesen war, ungestört abgehalten werden konnten. Unklar ist, ob die heiligen Bezirke von jedermann ungehindert betreten werden durften oder ob es – was wahrscheinlich ist – bestimmte Räumlichkeiten innerhalb der Kultstätte, wie das Allerheiligste, gab, die nur der Priesterschaft und privilegiertem Tempelpersonal zugänglich waren.

Rund 50 Kilometer nördlich des Dschauf verläuft das Wadi asch-Schudayf, das in der Antike zum Stamm der Amir gehörte. Deren Hauptheiligtum war der dem Gott Dhu Samawi geweihte Tempel von Yagruw, in dessen Schutt man mehrere Bronzetafeln mit eingravierten oder erhabenen mitgegossenen Inschriften fand. Bei diesen Texten handelt es sich um öffentliche Schuldbekenntnisse, die an den Wänden des Heiligtums aufgehängt waren, wie Bohrlöcher an den Tafelecken oder Halteschlaufen deutlich zeigen. Die Selbstbezichtigungen reichen von der kultischen Verunreinigung des Heiligtums durch unerlaubten Geschlechtsverkehr bis hin zur versäumten Teilnahme an Ritualen für den erfolgreichen Verlauf eines Feldzuges. Einige Texte erwähnen auch die Sühneleistung für die Vergehen, die zumeist durch Geldzahlungen abgegolten wurden.

Neben den offiziellen Tempelbauten muß es noch eine Unmenge kleiner Schreine und Kultstätten gegeben haben. Anders läßt sich die durch Plinius (nat. VI 155; XII 52 & 63) überlieferte Angabe, wonach sich allein in Schabwa, der Hauptstadt des Hadramaut, sechzig Tempel befunden haben sollen, nicht erklären.

In der zweiten Hälfte des 4. Jahrhunderts n. Chr., etwa in der Zeit des himyaritischen Königs Ta'ran Yuhan'im und seines Sohnes Malikkarib Yuha'min, wurde die polytheistische Astralreligion durch einen Monotheismus mit Ar-Rahman (»der Erbarmer«) als alleinigem Gott ersetzt, welcher der Christianisierung des Jemen den Boden bereitete.

Die Bildung der südarabischen Reiche

Der Tatenbericht des Karib'il Watar

Nach diesem allgemeinen Überblick soll im folgenden die Geschichte der einzelnen südarabischen Reiche dargestellt werden.
Schlüsseltext für die Konsolidierungsphase der altsüdarabischen Königreiche ist der Rechenschafts- und Tatenbericht des sabäischen Königs Karib'il Watar, Sohn des Dhamar Ali. Die aus zwei Teilen bestehende monumentale Inschrift wurde in 8 cm hohen Lettern bustrophedon (also mit abwechselnder Leserichtung) auf der Vorder- und Rückseite zweier übereinanderliegender Monolithen von jeweils 6,9 m Länge, 47 cm Dicke und einer gemeinsamen Höhe von etwa 2 m im Hof des Almaqah-Tempels der damaligen Reichshauptstadt Sirwah angebracht. Dort befinden sich die beiden, gemeinsam rund neun Tonnen wiegenden Schriftträger auch heute noch. Im umfangreichsten wissenschaftlichen Textcorpus altsüdarabischer Inschriften, dem »Répertoire d'Épigraphie Sémitique« (RES), ist der mit acht langen Zeilen kürzere der beiden Texte unter der Nummer 3946 veröffentlicht, der umfangreichere zwanzigzeilige trägt dort die Nummer 3945.
Dem Südarabienforscher Eduard Glaser war es zwar bei seiner Reise nach Marib 1888 nicht gelungen, bis nach Sirwah vorzudringen, doch instruierte er erfolgreich einen befreundeten Stammesangehörigen, ihm einen Papierabklatsch des umfangreichen Textes von den Quadern, soweit sie damals aus dem Boden herausragten, abzuformen. So wurde der Wortlaut dieses bedeutenden historischen Dokuments unter dem Kürzel Gl. (für Glaser) 1000 A & B der Wissenschaft nahezu vollständig schon im ausgehenden 19. Jahrhundert bekannt.
Karib'il Watar ist die früheste historisch faßbare Gestalt des Sabäerreiches. Er übte das Amt eines »Priesterfürsten« (»Mukarrib«) aus, beanspruchte daneben aber als erster sabäischer Regent den Königstitel. Die beiden Texte stellen praktisch die Gründungsurkunde des Reiches dar, denn Karib'il Watar beschreibt darin im kürzeren Teil seine baulichen Aktivitäten – darunter die Errichtung seines Palastes Salch und Arbeiten an den Bewässerungsanalgen von Marib – und nichtmilitärischen Leistungen, während der ausführlichere überwiegend die Eroberung und Unterwerfung der benachbarten Staaten, vor allem desjenigen von Ausan, der dabei eliminiert wurde, zum Thema hat. Der zeitliche Rahmen, der dabei umspannt wird, umfaßt insgesamt acht Feldzüge. Die Abfolge der dabei genannten Örtlichkeiten, die sich in vielen Fällen lokalisieren lassen, machen es möglich, den Verlauf der militärischen Kampagnen zumindest in groben Zügen nachzuvollziehen. Als erstes wurde das Gebiet südlich des heutigen Taizz erobert, die folgenden drei Unternehmungen galten der Niederwerfung von Ausan, wobei die Sabäer bis zur Südküste vordrangen. Die Stoßrichtung der beiden sich anschließenden Attacken verlief entgegengesetzt nach Nordwesten in den Dschauf, also die Region des nachmaligen minäischen Reiches, genauer gesagt gegen Naschan, das heutige As-Sawda, und seine nordwestlich benachbarte Schwesterstadt Naschq(um) im Wadi Madhab. Beide konnten erst nach dreijähriger Belagerung eingenommen werden. Dem König von Naschschan, Sumhuyafa, wurden nach seiner Niederlage zwar große Teile seines Territoriums und die Kontrolle über die Bewässerungsanlagen – zugunsten der benachbarten sabäer-

freundlichen Könige Adhmurmalik von Haram und Nabat'ali von Kaminahu – entrissen, er durfte jedoch als Vasall von Saba im Amt bleiben. In der Stadt, in welcher sich zur Sicherung der Macht Karib'il Watars sabäische Kolonisten ansiedelten, für die ein eigener Almaqah-Tempel entstand, wurden nur die Mauern geschleift und der Palast niedergebrannt, ansonsten scheint es kaum Zerstörungen gegeben zu haben. Umgekehrt wurde Naschq(um) durch eine neue Ummauerung zu einem sabäischen Stützpunkt ausgebaut. Während sich die vermutlich im jemenitischen Bergland befindlichen Ortschaften des siebten Feldzuges nicht genau lokalisieren lassen, führte der achte und letzte, nachdem einige Ortschaften für die Tötung von Sabäern zur Verantwortung gezogen worden waren, nach Norden gegen die Oase Nadschran und die in ihr und um sie herum lebenden Stämme der Muha'mir und Amir. Hier konnten die sabäischen Truppen Karib'il Watars große Mengen an Vieh, darunter Kamele und Rinder, erbeuten.

Die Datierung dieser bedeutenden historischen Ereignisse in die Zeit kurz nach 700 v. Chr. ergibt sich aus der Tatsache, daß in assyrischen Annalen ein südarabischer Herrscher namens Karibilu erscheint, der nach mittlerweile allgemein akzeptierter Ansicht mit Karib'il Watar gleichzusetzen ist. Karibilu ließ dem Keilschrifttext zufolge dem Assyrerkönig Sanherib (705-681 v. Chr.) anläßlich der Grundsteinlegung des »Bit akitu« genannten Neujahrs-Festhauses in Assur Geschenke überbringen.

1992 wurde der Bericht KaribIl Watars durch das Deutsche Archäologische Institut vollständig freigelegt. Dabei zeigte es sich, daß die beiden beschrifteten Monolithe noch auf einem Quadersockel ruhten. Der untere Teil des Textes war, da er unter den Schutt einer islamischen Besiedlung innerhalb des ummauerten Tempelgeländes geraten war, fast unversehrt erhalten, die von Eduard Glaser veröffentlichte obere Partie hingegen wies bereits tiefe Risse im Gestein auf, da sie den klimatischen Schwankungen und Tierexkrementen schutzlos ausgesetzt war und zudem Zerstörungen durch Feuer und mechanische Einwirkung erlitten hatte. So gehörte zu den wichtigsten Rettungsmaßnahmen, die die Archäologen auszuführen hatten, die Härtung der Gesteinsoberfläche, um ein weiteres Abplatzen der Inschriften zu verhindern.

Linke Hälfte der Bronzeplatte des Aws' atscht

Den nicht gerade zimperlichen Umgang der Sabäer mit ihren Widersachern illustriert auch das reliefierte Bildfeld einer wohl aus Marib stammenden fragmentarischen Bronzeplatte, die ins 5. Jahrhundert v. Chr. datiert und heute im Museum von Sana'a aufbewahrt wird. Laut Inschrift ist auf ihr der »Prozessionszug des Aws'atscht, des Sohnes des Yuha'in, des Ahimiten« wiedergegeben. Zu sehen sind sechs mit einem kurzen Bogen bewaffnete Krieger, die die abgeschlagenen Hände ihrer Gegner als Trophäe mit sich führen. Wahrscheinlich ist dieses Motiv ebenso assyrischen Vorbildern entlehnt wie oberhalb der Soldatenreihe die beiden geflügelten Stiere, die einen mesopotamischen Lebensbaum flankieren.

Das Reich der Sabäer

Das bedeutendste der altsüdarabischen Weihrauchländer, das dort auch über viele Jahrhunderte die dominante Macht repräsentierte, ist das Reich der Sabäer, das vielfach fast als Synonym für den gesamten Süden der Halbinsel steht. Der Name Saba (Sb'), der in dieser Form auch in zahlreichen einheimischen Texten belegt ist, erscheint, wie bereits erwähnt, schon in den Annalen mehrerer assyrischer Herrscher wie Tiglatpileser III. (745-727 v. Chr.), Sargon II. (722-705 v. Chr.) und Sanherib (705-681 v. Chr.), wobei der letztgenannte Herrscher durch seine Kontakte zum Sabäerkönig Karib'il Watar einen wichtigen Synchronismus mit der altsüdarabischen Geschichte bietet.

Mehrfach treten die Sabäer auch in der Bibel (z. B. Jer. VI 20; Jes. LX 6) als Weihrauchlieferanten in Erscheinung, wobei das bekannteste Ereignis sicherlich der angebliche Besuch der anonymen »Königin von Saba« bei Salomo ist (1 Kön. X 1-13). Um dessen Historizität schon vorab in Frage zu stellen, sei auf eine verblüffende Parallele zu dieser Geschichte hingewiesen, die sich bei Flavius Josephus in seinen »Jüdischen Altertümern« (ant. jud. VIII 158 f. & 165 ff.) findet. Doch dort handelt es sich bei der Protagonistin, die nach Jerusalem zu Salomo reist, um die »Beherrscherin von Ägypten und Äthiopien« namens Nikaule. Sie entspricht der Pharaonin, die unter anderem bei Herodot (II 100) unter dem Namen Nitokris erscheint und für die dort die im »Turiner Königspapyrus« belegte Regentin Net-iqeret (Nt-jqrt) das Vorbild abgab, mit der um 2150 v. Chr. das Alte Reich am Nil seinen Abschluß fand. Saba und dessen Königin bleiben erstaunlicherweise bei Flavius Josephus, der selbst dem jüdischen Glauben angehörte und somit auch der Tradition des Alten Testaments verpflichtet war, bei seiner Schilderung der Regierungszeit Salomos – bei ihm Solomon genannt – gänzlich unerwähnt. Ersetzt man bei der Beschreibung die beiden afrikanischen durch die südarabische Landesbezeichnung, könnte man glauben, den biblischen Bericht vor sich zu haben, wenn es heißt: »Die Beherrscherin von Ägypten und Äthiopien, die nach Weisheit dürstete..., hatte so viel von Solomons Weisheit und Tugenden gehört, daß sie vor Verlangen brannte, ihn persönlich zu sehen. Denn sie wollte aus eigener Erfahrung seine Vorzüge kennen lernen und sich nicht mit dem bloßen Gerücht begnügen... Sie beschloß daher, sich zu Solomon zu begeben, um seine Weisheit auf die Probe zu stellen und ihm schwierige Fragen zur Entscheidung vorzulegen, und kam mit großer Pracht und glänzendem Aufwand nach Jerusalem. In ihrem Gefolge hatte sie Kamele, die mit Gold, verschiedenen Spezereien und kostbaren Edelsteinen reich beladen waren. Der König empfing sie mit besonderer Freundlichkeit und löste die ihm vorgelegten spitzfindigen Fragen infolge seines scharfen Verstandes schneller als man glaubte. Die Königin geriet in Erstaunen, da sie merkte, daß seine Weisheit nicht nur ihre eigene übertraf, sondern auch noch größer war, als das Gerücht sie bezeichnet hatte... ›Alles, oh König‹, sagte sie, ›was das Gerücht zu uns trägt, erregt Zweifel in uns. Von dem aber, was du besitzest, deiner Weisheit und Einsicht und deinen königlichen Schätzen, hat der Ruf nichts Unwahres berichtet, sondern ist vielmehr weit hinter der Wirklichkeit zurückgeblieben, was mir jetzt klar wird, da ich dein Glück vor Augen habe... Wahrlich, das Volk der Hebräer und deine Diener und Freunde sind glücklich zu preisen, da sie täglich dein Angesicht schauen und deine Weisheit hören. Gott sei gelobt, der dieses Land und Volk so sehr liebt, daß er dich zum König darüber gemacht hat.‹ Darauf dankte sie dem König für die freundliche Aufnahme mit Worten und Geschenken. Sie gab ihm zwanzig Talente Gold sowie eine ungeheure Menge von Gewürzen und kostbaren Edelsteinen. Auch soll sie ihm die ersten Pflanzen des Opobalsams, der jetzt noch in unserem Lande wächst, geschenkt haben. Solomon machte ihr darauf Gegengeschenke, wie sie ihrem Wunsch entsprachen. Er versagte ihr nichts, sondern bewies sich ihr gegenüber in wahrhaft königlicher Weise hochherzig und freigiebig. Nachdem sie so gegenseitig ihre Geschenke ausgetauscht hatten, begab sich die Königin von Ägypten und Äthiopien auf den Heimweg.«

Interessant ist in diesem Zusammenhang, daß schon im Neuen Testament bei der – in zwei parallelen Texten (Matthäus XII 42 und Lukas XI 31) vorliegenden – Nennung des weiblichen Staatsgastes von Salomo nur mehr von der »Königin des Südens« die Rede ist und keine nähere Lokalisierung ihrer Herkunft aus dem südarabischen Raum mehr vorgenommen wird.

Die legendäre Königin von Saba

Die Königin von Saba bei Salomo

Die bekannteste Herrscherpersönlichkeit aus »Saba«, jene nicht namentlich genannte Königin, die durch ihren im Alten Testament überlieferten Besuch bei König Salomo berühmt geworden ist, kann – so paradox das zunächst klingen mag – gar nicht aus dem

Weiter heißt es in der Koran-Sure: »Als Salomon nun den Thron vor sich stehen sah, da sagte er: ›Dies ist eine Gnade meines Herrn, um mich zu prüfen, ob ich dankbar oder undankbar sein werde. Wer aber dankbar ist, der ist es zu seinem eigenen Heile. Ist aber jemand undankbar, so ist mein Herr doch reich und herrlich genug (d.h. es bedarf des Dankes nicht).‹ Er sagte ferner: ›Macht ihren Thron unkenntlich für sie, damit wir sehen, ob sie recht geleitet ist, oder ob sie zu jenen gehört, die nicht recht geleitet sind.‹ Als sie nun zu Salomon kam, da wurde sie gefragt: ›Gleicht dein Thron diesem hier?‹ Sie antwortete: ›So, als wäre er derselbe.‹ Darauf sagte Salomon: ›Uns wurde die Erkenntnis doch früher zuteil als ihr, indem wir Gottergebene geworden sind.‹ Das, was sie statt Allah verehrt hat, hat sie von der Wahrheit abgelenkt; denn sie gehörte bis jetzt zu einem ungläubigen Volke. Darauf wurde zu ihr gesagt: ›Geh hinein in diesen Palast!‹ Als sie diesen sah, glaubte sie, es sei ein tiefes Wasser, und entblößte daher ihre Beine. Salomon sagte aber zu ihr: ›Es ist ein Palast, mit Glas belegt.‹ Darauf sagte die Königin: ›Wahrlich, ich war ungerecht gegen mich selbst; aber nun unterwerfe ich mich, mit Salomon, ganz Allah, dem Herrn der Weltenbewohner.‹«

Die Episode, wonach die Königin von Saba im Palast Salomos ihre Beine entblößte, weil sie die auf dem Boden ausgelegten Glasplatten und Spiegel für Wasserrinnen hielt, findet sich auch in den Volkslegenden wieder. Allerdings wird hier ein anderer Grund für ihr ungewöhnliches Verhalten tradiert. Dem König soll zu Ohren gekommen sein, daß sein Gast behaarte Bocksfüße besitzen würde, die unter dem langen Kleid verborgen seien. Um herauszufinden, ob dieses Gerücht der Wahrheit entspricht, wandte Salomo die List mit den Wasser imitierenden Spiegeln an, um Bilqis zum Schürzen des Rocks zu verleiten.

Saba in den historischen Quellen

Der erste griechische Autor, der Saba – als Herkunftsland von Weihrauch und Myrrhe – nennt, ist Theophrast in seiner Pflanzengeschichte (IX 4,2). Bei Strabo (XVI 4,2) werden die »Sabaioi« gemeinsam mit ihrer Hauptstadt »Mariaba«, hinter der sich Marib verbirgt, erwähnt. Hingegen gibt Ptolemaios (VI 7,25) »Sabe« als Name der Residenz an, und auch die bei Diodor (III 47,4) zitierte Äußerung des Agatharchides in seinem »De mari Erythraeo« (Kap. 102) zielt in diese Richtung, wenn er feststellt, daß der Name des Reiches und der Hauptstadt »Sabe« bzw »Sabai« identisch seien.

Diodor läßt sich darüber hinaus überschwenglich über den Reichtum der Sabäer aus, die der Bezeichnung ihrer Heimat als »Arabia felix« alle Ehre machen: »Dieser Stamm übertrifft nicht nur alle seine arabischen Nachbarn, sondern auch alle anderen Völker an Wohlstand, ja Verschwendung... Sie haben getriebene Kelche... aus Silber und Gold, Liegen und Dreifüße haben silberne Füße, und all ihr anderes Mobiliar ist von unvorstellbarer Kostbarkeit. Ihre Betten sind von starken Säulen umgeben, die zum Teil vergoldet sind, andere wiederum tragen Silberfiguren auf ihren Kapitellen. Ihre Decken und Türen sind in Paneele und Kassetten unterteilt, diese Zierfelder bestehen aus Gold, sind mit kostbaren Steinen besetzt und aneinandergereiht. So erweckt die Ausstattung ihrer Häuser, wohin man auch blickt, Bewunderung durch ihre Kostbarkeit, denn einige besteht aus Silber und Gold, anderes aus Elfenbein und sehenswerten Edelsteinen oder aus anderen Materalien, wenn sie nur hoch im Kurs stehen.«

Geradezu nüchtern klingt demgegenüber die Feststellung des Plinius, daß »...die Sabaier... wegen des Weihrauchs die berühmtesten Araber sind« (nat. VI 154) und die wenig später (nat. VI 161) zitierte Äußerung des römischen Feldherrn Aelius Gallus, daß »die Sabaier... die wohlhabendsten durch den Reichtum der Wälder an Räucherwerk, durch Goldgruben, Bewässerung ihrer Ländereien und die Gewinnung von Honig und Wachs« seien. Nur bei seiner Behauptung (nat. XII 81), daß im sabäischen Reich Weihrauch in solchem Überfluß vorhanden sei, daß man damit sogar die Speisen zubereiten würde, scheint mit ihm die Phantasie durchgegangen zu sein.

Die Anfänge der sabäischen Geschichte

Mit dem in Sirwah aufgefundenen Tatenbericht des sabäischen Königs Karib'il Watar aus der Zeit kurz nach 700 v. Chr. treten die Sabäer abrupt ins Rampenlicht der Geschichte. Dort findet man ein bereits gut durchorganisiertes und von einem »Priesterfürsten« (Mukarrib) geleitetes Staatswesen vor, das sich aus Vorstufen, die allerdings noch nicht durch historische Schriftdenkmäler belegt sind, entwickelt haben muß. Allerdings traten bei archäologischen Grabungen zahlreiche dingliche Hinterlassenschaften der proto-sabäischen Periode ans Tageslicht. Demzufolge waren die wichtigsten Städte möglicherweise schon im ausgehenden 3. Jahrtausend v. Chr. ummauert, und auch die Anfänge der komplizierten Wasserrückhalt- und Bewässerungsanlagen reichen wohl bis in diese Periode zurück. Die älteste, aus Lehmziegeln errichtete Stadtmauer der späteren Sabäerhauptstadt Marib, die bereits eine Dicke von 7 m aufwies, glauben die Archäologen sogar bereits in die Zeit um 2700 v. Chr. datieren zu können. Diese Annahme stützt sich auf Radiocarbon-(C 14)-Analysen. Allerdings sind die für diese Meßmethode notwendigen organischen Materialien nicht an der fraglichen Mauer selbst, sondern in Ablagerungen des Wadi Dana entnommen worden, deren Höhenniveau dem der frühesten Umwallung entspricht.
Herausgebildet hat sich der sabäische Zentralstaat dann aus einem Zusammenschluß mehrerer Stämme, und unter Karib'il Watar expandierte er durch Unterwerfung seiner Nachbarstaaten Ausan, Qataban und Hadramaut rasch zu einem Großreich, unter dessen Oberhoheit bald darauf noch die Minäer gelangten.

Die Statue des Ma'dikarib

In dieser Blütezeit tritt uns einer der Regenten, König Ma'dikarib, auch in einem 93 cm hohen Bildwerk aus Bronze entgegen. Es ist das besterhaltene der insgesamt 24 sabäische Statuen und Statuetten, welche das Team von Wendel Philipps bei seinen Ausgrabungen im Awwam-Tempel von Marib 1950/51 auffand. Den Namen des dargestellten Königs Ma'dikarib trägt die Figur in großen Buchstaben quer über die Brust. Darunter befindet sich, in deutlich kleineren Schriftzeichen, die bustrophedon verlaufende Widmungsinschrift, die lautet: »Amm'anas, der Sohn des Luhayyatscht, Angehöriger der Kuschahat, widmet dem Almaqah den Mann aus Goldbronze als vierten zu den drei Kriegern aus Goldbronze sowie seine Söhne Hamm'atscht, Ma'dikarib, Aws'atscht, Luhayy'atscht und Awsum, Angehörige der Kuschahat, wie auch Ammkarib (von den) Kabir Aqyanim dhu Marhabim, Damaryada, Angehörigen der Kabir Halil, Hawf'atscht, den Sohn des Scharshumu und sein Haus Yaf'an und all ihren Besitz im (Wadi) Adschanat und im Tal von Naschqum. Bei Atschtar, Almaqah, Dhat Hamyim, Dhat Ba'danim und Dhat Balsim, und bei Yada [i]l Bayyin, dem König von Saba.«
Der König hielt aufgrund seiner Arm- und Handhaltung einst Gerätschaften, am ehesten Schild und Speer, die heute verlorengegangen sind. Er ist mit Bart und stilisierter Löckchenfrisur wiedergegeben. Bekleidet ist er mit einem Schurz, der von einem breiten Gürtel gehalten wird, in welchem ein Dolch sitzt. Auch wenn diese Waffe eine gerade Klinge aufweist und sich dadurch deutlich von den gebogenen Dschambiyas der heutigen Einheimischen unterscheidet, betrachten ihn diese gern als »Ur-Jemeniten«. Auf dem Rücken trägt er ein Löwenfell, dessen vier Pranken überkreuzt auf seiner Brust bzw. seitlich am Schurz sichtbar sind. Außerdem besitzt er einen schmalen, enganliegenden Halsreif. Der Herrscher ist barfuß dargestellt.
Trotz der Nennung des Eigennamens wirft die Datierung der Statue Probleme auf, da der abgebildete Regent bislang nicht in anderen Quellen erscheint und deswegen auch seine chronologische Einordnung unklar ist. Da der Herrscher bereits den Titel eines Königs statt den früher üblichen des »Priesterfürsten« (Mukarrib) trägt, ist er später als Karib'il Watar anzusetzen, unter dem diese Änderung der Titulatur erfolgte. Stilistisch wurden Vergleiche mit dem Lächeln der archaischen griechischen Kuroi ebenso herangezogen wie Parallelen in der Körperhaltung mit zypriotischen Bronzen und der Art der Löwenfelldarstellung auf Statuen des phönizischen Gottes Ba'al Melqart. Bei Erwägung

Standfigur des Königs Ma'dikarib von Saba

aller Kriterien wird heute mehrheitlich die Datierung in das 6. Jahrhundert v. Chr. vertreten. Diese Annahme kann sich auch auf epigraphische Argumente stützen, soweit Vergleiche des in Metall eingravierten Textes mit Inschriften auf Steindenkmälern zulässig sind, wobei aber auch schon diskutiert wurde, ob die Stiftungsinschrift nicht nachträglich auf einem älteren Bildwerk angebracht worden sein kann.

Die sabäischen Metropolen

Die älteste Residenz der Sabäer dürfte sich noch in Sirwah befunden haben, an der alten, in einem leichten Bogen nach Süden ausholenden Chaulan-Straße zwischen der heutigen Landeshauptstadt Sana'a und der antiken Sabäermetropole Marib, welche das rund 40 km westlich von ihr gelegene Sirwah dann in der Rolle der Hauptstadt ablöste.

Sirwah

Die alte Sabäerhauptstadt Sirwah ist glücklicherweise nicht von den Fluten des Stausees hinter dem modernen Staudamm von Marib bedeckt worden. Hier errichtete um 700 v. Chr. der Mukarrib Yada'il Darih I. ein eindrucksvolle Heiligtum. Der Bauherr ist auch Auftraggeber des Awwam-Tempels von Marib und einer weiteren, heute praktisch völlig zerstörten Kultstätte am Fuß des Dschebel Sahl, des Almaqah-Tempels von Masagid, der sich innerhalb eines 37 x 100 m großen heiligen Bezirks befand. Auch der Tempel von Sirwah ist dem Mondgott Almaqah geweiht. Heute beeindruckt von ihm vor allem die – mit Ausnahme eines geraden Teilstücks im Nordwesten – gerundete und über weite Teile nahezu in ihrer kompletten Höhe erhaltene Außenmauer des gepflasterten Peribolos-Hofes, deren Verkleidungsquader an der Außenseite so sorgfältig geglättet sind, daß sie die unregelmäßige Rundung der Hofeinfassung bruchlos nachvollziehen. Der obere Abschluß der Mauer bestand einst aus einer doppelten Zahnschnittreihe und einem darüber sich entlangziehenden Steinbockfries, dessen Quader an mehreren Stellen als Spolien wiederverbaut wurden. Im Westen der annähernd hufeisenförmigen Peribolosmauer befand sich der Zugang und ein Propylon, dem im Zuge einer Erweiterung um 85 n. Chr. unter Nascha'karib Yuha'min ein weiterer, breiterer Propylon vorangestellt wurde. Der Hof dieses Tempels diente Karib'il Watar als Aufstellungsort seines großen Tatenberichtes.

Der Waddum-Tempel bei Sirwah

Auf halber Strecke zwischen Marib und Sirwah konnten 1979 am Fuß des Dschebel Qututa im gleichnamigen Wadi Überreste eines Tempels wiederentdeckt werden, welcher nach Auskunft der von den Einheimischen abtransportierten Inschriften dem Gott Wadd(um), der hier den Beinamen Dhu-Masma' trug, geweiht war. Dieser Gott, der ein Schlangenpaar als Attribut besitzt, ist vor allem als Vorsteher des Pantheons der Minäer bekannt. Als Bauherr nennt der Gründungstext, der aus paläographischen Gründen der Zeit um 700 v. Chr. entstammt, einen »Yaqdum'il, Verwalter des Almaqah Dhu Nabs'im«. Der Kultbau repräsentierte, soweit seine spärlichen Relikte die Rekonstruktion zuließen, den »klassischen« Bautyp eines rechteckig ummauerten Hofes, der innen dreiseitig von einem pfeilergestützten Umgang gesäumt war und an der verbleibenden schmalen Rückwand drei nebeneinanderliegende Kulträume unterschiedlicher Größe aufwies, die vom Hof aus zugänglich waren, aber nicht untereinander in Verbindung standen. Hier konnten die Mitarbeiter des Deutschen Archäologischen Instituts sogar noch die Funktionen der einzelnen Räume ermitteln: der größte links diente aufgrund seiner dicken Ascheschichten und Keramiken als Brandopferstätte, der mittlere, in welchem sich mehrere mit Weihrauch gefüllte Flechtkörbe erhalten hatten, als Ort von Räuchergaben, und der linke möglicherweise als Kultbildraum; zumindest traten dort Sockel aus Kalkstein zutage.

Die Sabäerhauptstadt Marib

Als erster Europäer, der gesichert das in 1160 m ü.d.M. gelegene Marib erreichte, gilt im allgemeinen der Franzose Thomas Arnaud, der 1843 den Boden der Oase betrat, gefolgt 1870 von seinem Landsmann Joseph Halévy. Beide konnten dortige altsüdarabische Inschriften kopieren und nach Europa vermitteln. Strittig ist, ob vor ihnen der um 1811 im Jemen verschollene Ulrich Jasper Seetzen bereits bis in die vormalige Sabäerhauptstadt gelangte. Auf der dritten seiner insgesamt vier Jemen-Reisen reiste Eduard Glaser 1888 von Sana'a aus nach Marib und sah dort erstmals die Überreste der Damm-Anlage. Wendel Philipps konnte 1952 im Süden der Oase den Almaqah-Tempel von Awwam (AWM), von den Einheimischen Haram bzw. Mahram Bilqis genannt, vom Sand befreien. Allerdings mußte die im Auftrag der American Foundation for the Study of Man durchgeführte Grabung abrupt eingestellt werden und die Wissenschaftler waren gezwungen, unter Zurücklassung aller Funde und der meisten Aufzeichnungen das Gelände fluchtartig zu verlassen. Seit 1975 erforscht das Deutsche Archäologische Institut die Oase und hat dort unter anderem – außer dem zweiten großen Almaqah-Heiligtum, dem Bar'an-Tempel (im Volksmund Arsh Bilqis genannt) – auch Teile einer großen Nekropole südlich des Awwam-Tempels freilegen können.
Marib erlebte seinen Aufstieg zur Hauptstadt der Sabäer wahrscheinlich um die Mitte des 8. Jhs. v. Chr., war jedoch schon weitaus früher besiedelt. So wurden im Süden der Oase neolithische Steinwerkzeuge entdeckt, und auf dem Tell von Alt-Marib aufgelesene prähistorische Keramikscherben mit organischen Einschlüssen ergaben eine Radiokarbondatierung ins späte 4. Jahrtausend v. Chr. Seine Rolle als Hauptstadt mußte Marib zwar im ausgehenden 3. Jahrhundert n. Chr. an das himyaritische Machtzentrum Zafar (ZFR) bei Yarim, das zum Reich der »Homeritae« gehörige »Saphar« (Plinius nat. VI 26) bzw. Sapphar (Ptolemaios VI 7,41), abtreten, das bereits im »Periplus Maris Erythraei« (peripl. 23) als Hauptstadt bezeichnet wird. Marib blieb jedoch noch mindestens bis zum endgültigen Bruch seines Staudammes um 575 n. Chr. dicht besiedelt und verfügte mit dem Awwam-Tempel über eines der zentralen Heiligtümer für den Kult des sabäischen Mondgottes Almaqah. Zudem lag die Oase am Kreuzungspunkt mehrerer Handelsstraßen, auf denen vornehmlich Weihrauch befördert wurde.
In sabäischen Inschriften erscheint die Stadt in der Schreibung MRYB bzw. verkürzt MRB. Als Hauptstadt des Reiches ist das Mariaba der antiken griechisch-römischen Historiker erstmals von Eratosthenes erwähnt worden, wie Strabo (XVI 768) zu berichten weiß. Dieser zitiert wenig später (XVI 778) auch Artemidoros, der den Ort auf oder bei »einem waldreichen Berg« lokalisierte. Die während des Feldzugs des römischen Feldherrn Aelius Gallus sechs Tage lang belagerte Stadt erscheint bei Strabo (XVI 782) noch ein drittes Mal, nun mit der Schreibvariante Marsyabai und wird dort dem Stamm der Rammanitai, was dem Raiman (RYMN) der südarabischen Texte entspricht, zugewiesen. In den beiden anderen Quellen, welche das selbe Ereignis behandeln, nämlich der Naturgeschichte des Plinius (nat. VI 160) und dem »Monumentum Ancyranum« mit dem großen Taten- und Rechenschaftsbericht des Kaisers Augustus (V 23), heißt der seinerzeit abgeriegelte südarabische Ort Mariba. Bei Ptolemaios (VI 7,37) erscheint ein Ort »Mara metropolis« oder »Baraba«, der aufgrund seiner dort beschriebenen Lage wohl ebenfalls mit Marib gleichzusetzen ist.

Die Altstadt

Der heute im Zentrum der Großoase sichtbare Stadthügel, dessen einsturzgefährdete Häuser als Folge von Bombardements während des Bürgerkriegs von 1962-66 und des schweren Erdbebens von 1982 mittlerweile fast vollständig verlassen sind, stellt nur die »Akropolis« von Marib dar. Auf ihr stand einst der legendäre Salhin-Palast, der bereits zur Zeit des Königs Karib'il Watar bestand, da dieser Herrscher ihn nach Ausweis einer Inschrift gegen 685 v. Chr. um ein zusätzliches Obergeschoß erweiterte. Dieses Bauwerk war auch noch den mittelalterlichen arabischen Geographen wie Al-Hamdani geläufig.

Kalzitplatte mit Inschrift und Weinlaubmuster aus Marib

Weitere Paläste sind nur durch Gründungsinschriften bekannt, wie ein »Strahlend vor Licht« (»Wadih«) genannter Bau, der von Ma'dikarib im 1. oder 2. Jahrhundert n. Chr. in Auftrag gegeben worden war. Die davon kündende beschriftete Alabasterplatte trägt zudem die weit verbreitete Segensformel »(Der Gott) Wadd ist der Vater«.
In einiger Entfernung und kaum erkennbar, da nur mehr in den unteren Steinlagen erhalten, zieht sich um die bebaute Kuppe ein ovaler Stadtmauerring von 4,2 km Umfang und einem Durchmesser von 1,5 km an der breitesten und 1 km an der schmalsten Stelle. Die zwischen 7 und 14 m dicke und von rechteckigen Türmen bewehrte Stadtmauer, für die mindestens fünf Bauphasen ermittelt werden konnten, umschließt eine Wohnfläche von rund 110 ha, so daß die damalige Bevölkerungszahl von Marib auf 30 000 bis 50 000 Einwohner veranschlagt wird. Möglicherweise umgab die Stadtmauer nur das Zentrum, da westlich außerhalb von ihr Überreste von weiterer antiker Wohnbebauung ermittelt werden konnten. Eine Reihe von Inschriften nennt sabäische Herrscher, die sich der Errichtung oder Restaurierung der gesamten Fortifikation oder zumindest von Teilen der Mauer bzw. ihrer Tore rühmen. Der älteste diesbezügliche Text, aus der Zeit um 715 v. Chr., stammt von Yathi'i'amar, Sohn des Sumhu'ali. Mehrere Fragmente dieser Bauinschrift, die einst auf den Verkleidungsblöcken der Stadtmauer angebracht war, wurden in Zweitverwendung in der Nordschleuse des Dammes von Marib wiederverbaut. Die Restaurierung des Wasserbaues war also so wichtig, daß man dafür offensichtlich sogar die Ummantelung der Stadtmauer opferte. Die späteste Inschrift bezüglich eines Schutzwalles, die um 30 v. Chr. entstanden sein dürfte, lautet: »Yada'il Watar, König von Saba, Sohn des Sumhu'ali Yanuf, umgab Marib auf Befehl von Athtar, Hawbas und Almaqah, denen er dies gelobt hatte, mit einer Mauer.« Im Zusammenhang mit dem wenige Jahre später erfolglos durchgeführten Eroberungszug des römischen Feldherrn Aelius Gallus erwähnt Plinius in seiner Naturgeschichte (nat. VI 160), daß die Stadt, die bei ihm Maribba heißt, einen Umfang von 6 Meilen, also 8 3/4 km, besessen haben soll.
Inschriften berichten davon, daß es in Marib neben dem Bar'an- und dem Awwam-Tempel, die beide dem Almaqah geweiht waren und einige Kilometer von der Stadt entfernt sind, noch eine gewisse Zahl weiterer Kultbauten gegeben haben muß, von denen sich der ebenfalls dem Mondgott geweihte Harunum-Tempel innerhalb der Stadtmauern befand, ebenso wie die nach der Eroberung des Jemen durch das Reich von Axum 525 n. Chr. in Marib errichtete Kirche und die Synagoge.

Der Staudamm

Ihre legendäre Fruchtbarkeit verdankte die Oase von Marib ihrem Staudamm, der ein Meisterwerk damaliger Ingenieurskunst repräsentiert. Die Anlage erfüllte ihre Aufgabe vom 8. Jh. v. Chr. bis kurz vor 575 n. Chr. Die Wassermassen der periodisch auftretenden Monsun-Regen wurden einst durch einen mit Steinen verkleideten Erddamm von 577,5 m Länge (nach antiken Quellen 770 Schritt lang) zurückgehalten, der in den Texten »Rahab« genannt wird. Er wurde unter optimaler Ausnutzung natürlicher Gegebenheiten an einer durch die Bergkuppen des Dschebel Balaq al-Qibli und Dschebel Balaq al-Ausat verengten Stelle des Wadi Dana angelegt. Am nördlichen und südlichen Ende der Sperrmauer befinden sich Schleusen, mittels derer der Wasserabfluß reglementiert und das kostbare Naß von dort weiter auf die Anbauflächen beidseitig des Wadis verteilt wurde. Mit rund 10 000 qkm verfügt das Wadi Dana über einen riesigen Einzugsbereich und zählt damit zu den größten Tälern des gesamten Jemen. Deswegen wählte man dieses Wadi auch für den 1986 vollendeten neuer Damm aus, der weiter stromaufwärts errichtet wurde.
Die Mirbat ed-Dimm genannte Südschleuse des antiken Dammes befindet sich am Fuß des Dschebel Balaq al-Ausat, in dessen Fels ein Wasserkanal von etwa 80 m Länge und 4,5 m Breite geschlagen ist. Dieser wird an seiner Nordseite von einer 9 bis 11 m hohen, knapp 79 m langen und rund 12,5 m breiten massiven Mauer flankiert, die an ihrer dem

Stausee zugewandten Westseite in einem rund 1 m höheren Turm mit einer rechtwinklig anschließenden Mauer endet. Sie korrespondiert mit einem gleichhohen, im Felsen verankerten weiteren Turm, mit dem sie durch eine 4,5 m lange und nur 4 m hohe Quermauer verbunden ist. Beide Türme sind oberhalb von dieser Verbindungsmauer, die als Überlauf fungiert, jeweils an ihrer Innenseite mit einer senkrechten Nut versehen, in der die hölzernen Schleusentore hinaufgezogen und herabgelassen werden konnten.

Die Nordschleuse sitzt auf dem Felsen des Dschebel Balaq al-Qibli und besteht aus einer 140 m langen, zwischen 8,25 und 11,25 m dicken und ehemals wohl bis zu 9 m hohen Hauptmauer. An den Stellen, wo die Steinverkleidung fehlt, ist deutlich sichtbar, daß sie mehrfach aufgestockt wurde. Ihr südlich gegenüber – und von ihr über eine kurze Strecke am westlichen Ende des Dammes durch eine 13,5 m lange und 2,25 m breite Aufmauerung getrennt – verläuft eine gleichhohe, aber mit 28,5 m deutlich kürzere und 15,75 m breite Parallelmauer. Auch hier sind wieder senkrechte Nute zur Führung der Schleusentore eingetieft. Die Mauern säumen beidseitig einen rund 12 m breiten Kanal, der nach rund 1 km in ein künstliches Sammelbecken von 23 x 65 m einmündet. Von diesem nahmen zwölf kleinere Kanäle, auf welche das Wasser über einen aufgemauerten Verteilerbau verteilt wurde, ihren Ausgang. Mit diesem System wurde nicht nur erreicht, daß das Wasser des Wadi Dana zurückgehalten wurde, sondern auch, daß es auf die (bedingt durch zunehmende Sedimentierung) zuletzt rund 5 m höher als der Wadigrund gelegenen landwirtschaftlichen Nutzflächen gelangen konnte.

In den Anfängen dieses Sperrwerks quer über das Wadi Dana, um 750 v. Chr., wurde das aufgestaute Wasser über eine einfache Schleuse im Norden auf die Felder geleitet. Um 500 v. Chr. dürfte der 5 m breite Ausfluß am Südende des Dammes in den Felsen gemeißelt worden sein. Die danach de facto neu gebaute Nordschleuse dürfte um 325 n. Chr. ihre jetzige Gestalt erhalten haben. In der zweiten Hälfte des 4. Jahrhunderts n. Chr. fand unter dem himyaritischen König Ta'ran Yuhan'im und seinem Sohn Malikkarib Yuha'min der erste inschriftlich belegte Bruch des Dammes von Marib statt. In der Mitte des 5. Jahrhunderts n. Chr. gab es unter Schurahbi'il Ya'fur, dem Sohn und Nachfolger des legendären König Abukarib As'ad, nach Ausweis mehrerer Inschriften Zerstörungen des Dammes, die durch hohe Fluten verursacht und erfolgreich behoben wurden. Im Jahre 542 n. Chr. wiederholte sich unter König Abraha das Ereignis. Dieser veranlaßte neben der Reparatur des Bauwerks auch die Errichtung einer Kirche. Etwa in der Zeit, als um 575 n. Chr. die Sassaniden unter Chosrau I. (531-579 n. Chr.) den Jemen besetzten, erfolgte die endgültige Zerstörung des Dammes, die nicht mehr behoben werden konnte und die rasche Entvölkerung der Bewässerungsoase zur Folge hatte. Im Lauf der Jahrhunderte hat sich danach das im Wadi Dana fließende Wasser wieder sein altes Bett gesucht und dabei das Mittelstück des Staudammes weggerissen. Dabei hat sich ein Schnitt quer durch die Aufschüttung der Dammkrone und der davor im ehemaligen Stauseebecken angesammelten Schlamm-Massen gebildet, an dem man nicht nur die Reste der steinernen Außenverkleidung des Dammes erkennen kann, sondern auch die einzelnen Maßnahmen zur Aufstockung seiner Höhe.

Mittlerweile konnten, wie bereits erwähnt, die deutschen Archäologen tief in den Sedimenten zwei ältere bronzezeitlichen Damm-Vorläufer ermitteln, deren Anfänge möglicherweise schon auf das späte 3. Jahrtausend v. Chr. zurückgehen.

Der endgültige Bruch des Dammes, der zu einer raschen Entvölkerung der zuvor blühenden Oase geführt haben muß, blieb nicht ohne Wirkung auf die gesamte arabische Welt und wurde im Koran mit einem göttlichen Strafgericht für den Hochmut seiner Bewohner erklärt. Gemäß der islamischen Überlieferung war Saba auch der Name des vierten jemenitischen Königs. Dieser war der Sohn des Jeschad und Enkel des Jareb, welcher wiederum Khatan zum Vater hatte. In den Versen 16 bis 20 der 34. Koran-Sure, welche aufgrund des in ihr geschilderten Hauptereignisses den Beinamen »Saba« trägt

Unglücklicherweise waren auch hier wieder Plünderer den Archäologen zuvorgekommen. Die meisten Bestattungen, welche die Zeitspanne vom 8. Jahrhundert v. Chr. bis ins 4. Jahrhundert n. Chr. abdecken, sind wohl schon im Altertum ihrer Beigaben beraubt worden waren. In den letzten vier Jahrzehnten wurde – nach der überstürzten Flucht Wendel Philipps von der Grabungsstelle – die Nekropole von Einheimischen auf der Suche nach verborgenen Schätzen erneut in Mitleidenschaft gezogen. Dennoch erbrachten die Ausgrabungen noch reichliches Material in Gestalt von Gefäßen, Statuetten, Opferplatten und Weihrauchbrennern, die seinerzeit von den Grabräubern aufgrund ihres geringen Materialwerts verschmäht worden waren, heute aber den Wissenschaftlern wertvolle Einblicke in den Totenkult und die Jenseitsvorstellungen der alten Sabäer gewähren. Als besonders aufschlußreich erwies sich diesbezüglich eine Textgruppe in sabäischer Schrift, die über die damaligen Besitzverhältnisse und die Erwerbspraxis von Bestattungsplätzen in den Mausoleen Auskunft gibt.

Der Bar'an-Tempel

Während der dem sabäischen Hauptgott Almaqah geweihte sogenannte Awwam-Tempel bereits in den frühen 50er Jahren des 20. Jahrhunderts durch Wendel Philipps ausgegraben worden war, sollte es bis 1988 dauern, bis sich Archäologen auch des zweiten Heiligtums im Südteil der Großoase, des derselben Gottheit geweihten Tempels von Bar'an, annehmen konnten. Bis dahin war diese Kultstätte, die im Volksmund »Arsh Bilqis (Thron der Bilqis)« genannt wird, vollständig unter dem Sand begraben, lediglich einige Vierkantpfeiler mit Zahnschnitt-Kapitellen standen noch in einer kurzen Reihe aufrecht und ragten aus dem Boden. Sie erwiesen sich bei den Ausgrabungen als die fast neun Meter hohen Stützen des Propylons, welcher dem Tempelgebäude, einem pfeilergesäumten Hof mit dreigeteiltem Adyton an der Rückseite – wie es auch im Wadd(um) Dhu-Masma'-Tempel am Dschebel Qututa der Fall war – als repräsentativer Zugang vorangestellt war. Das Tempelgebäude erhob sich auf einem vier Meter hohen Podium, auf das Treppen hinaufführten. Dem Heiligtum war zu ebener Erde ein breitgelagerter, ebenfalls an seiner Innenseite allseitig pfeilerumstandener Hof, in dessen Mitte sich ein großer Opferaltar befand, vorangestellt. Die dadurch gebildeten Um-

Isometrische Ansicht und Grundriß des Bar'an-Tempels von Marib

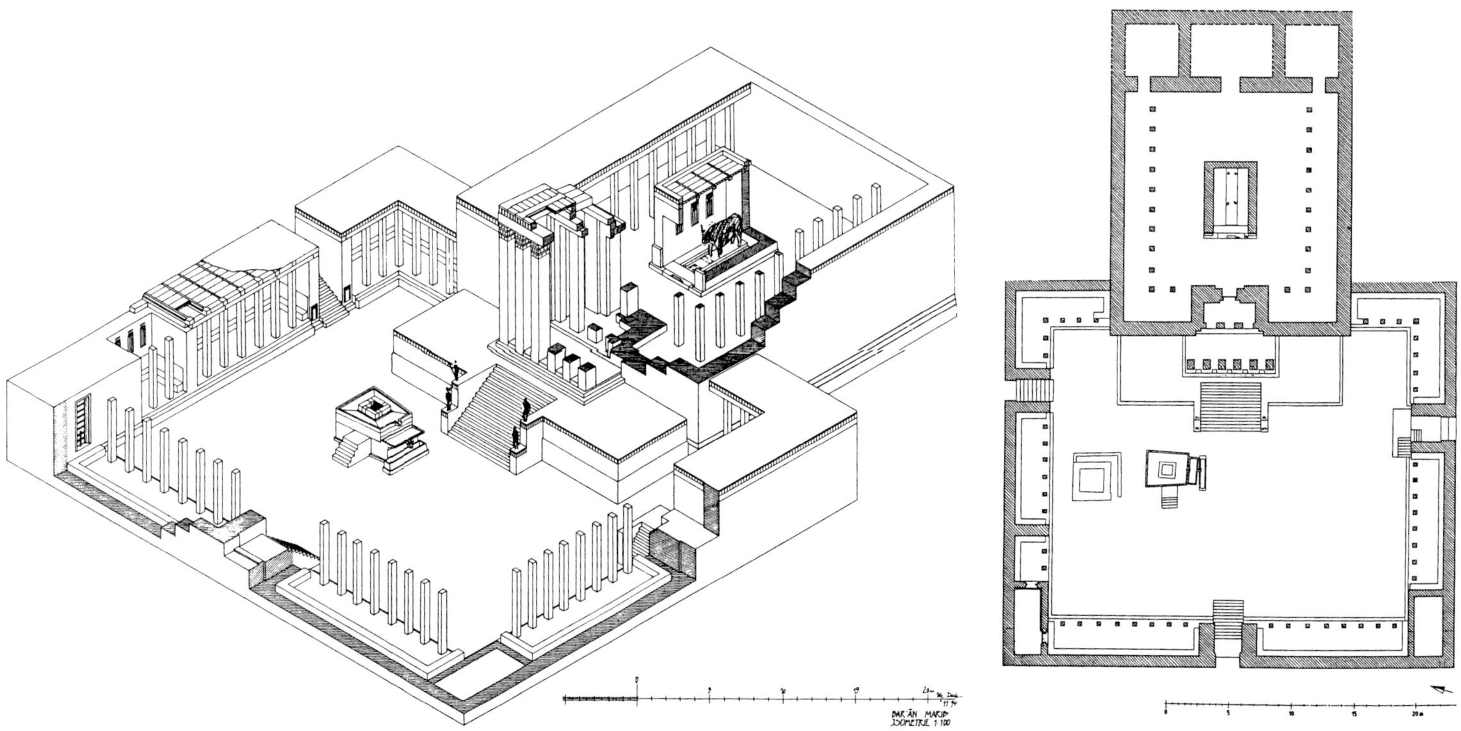

gänge waren durch Zungenmauern zu Kammern mit offener Hofseite umgestaltet worden, deren Wände mit reliefierten Orthostatenplatten geschmückt waren und in welchen Votivgaben der Gläubigen ihre Aufstellung fanden. Errichtet wurde der Tempel im 6. Jahrhundert v. Chr., er erfuhr jedoch mehrfach Umbauten und Erweiterungen.

Die sabäische Expansion nach Afrika

Ein neues und folgenreiches Kapitel in der sabäischen Geschichte begann mit der Expansion des Reiches über die durch das Meer gesetzten Grenzen Südarabiens hinaus, als in der Mitte des 1. Jahrtausends v. Chr. jenseits des Roten Meeres auf dem afrikanischen Kontinent, auf dem Boden des heutigen Äthiopien, Kolonien angelegt wurden. Diese Blütezeit der Sabäer als alleinbeherrschende südarabische Großmacht fand ein vorläufiges Ende, als sich im 4. Jahrhundert v. Chr. zunächst die Qatabaner gegen die Oberhoheit militärisch zur Wehr setzten, Hadramaut seine Unabhängigkeit erkämpfte und rasch zu einem bedeutenden Reich aufstieg und die Minäer die Kontrolle über weite Teile der Weihrauchstraße erlangen konnten. In den folgenden Jahrhunderten konnte Saba durch Unterwerfung der Minäer und Schmälerung des hadramautischen Reiches jedoch seine Vormachtstellung wieder zurückerobern.

Der Feldzug des Aelius Gallus

Angesichts der Tatsache, welche Beträge in Rom für Weihrauch zu bezahlen waren, verwundert es nicht, daß es Bestrebungen gab, »Arabia felix« zu erobern und zu einem Bestandteil des römischen Reiches zu machen. Zwar gab es die 106 n. Chr. als eine der letzten Zugewinne eingerichtete »Provincia Arabia«. Diese umfaßte aber nur den Bereich der eigentlichen Landbrücke zwischen Afrika und Asien im Norden der Arabischen Halbinsel, also das vormalige »Arabia petraea«. Diese unter Kaiser Trajan nach dem Tod des Nabatäerkönigs Rabel II. durchgeführte Okkupation, womit die Lücke zwischen den Provinzen Aegyptus und Judaea geschlossen werden konnte und für die man auf römischen Siegesmünzen die Wendung »Arabia adquisita« (und nicht »Arabia capta«) prägte, schildert der römische Historiker Cassius Dio knapp mit den Worten »In dieser Zeit unterwarf Palma, der Statthalter von Syrien, den um Petra gelegenen Teil Arabiens und unterstellte ihn den Römern.« Der genannte Legat A. Cornelius Palma Frontonianus besetzte aber nicht das komplette vormalige nabatäische Staatsgebiet, sondern lediglich den wirtschaftlich attraktiveren Nordteil. Gleichzeitig wurde das Machtzentrum von Petra, der vormaligen Nabatäerhauptstadt, weiter nach Norden ins syrische Bos(t)ra verlegt. Dort begann man mit dem 22. März 106, dem Tag der offiziellen Provinzgründung, eine neue Zeitrechnung.
Vor der Zerschlagung ihres Reichs durch das römische Militär waren die Nabatäer Bundesgenossen der Römer gewesen und erfreuten sich als solche weitgehender wirtschaftlicher Autonomie. Vor allem den Weihrauchhandel, den sie durch die Kontrolle des Großteils der Weihrauchstraße abwickelten, beließen ihnen die Römer, nachdem ihr erster und einziger Versuch, um 25 v. Chr. die gesamte arabische Halbinsel zu unterwerfen, kläglich gescheitert war.
Mit der Durchführung dieses Eroberungsfeldzugs hatte Kaiser Augustus den Ritter Aelius Gallus beauftragt, der seine Orienterfahrung als Präfekt der Provinz Ägypten gesammelt und dort vor allem als Reorganisator der Bewässerungsanlagen in der Oase Fayum auf sich aufmerksam gemacht hatte. Die Hauptstreitmacht der Römer bestand aus Mitgliedern der 10. Legion. Einer Angabe des antiken jüdischen Historikers Flavius Josephus zufolge soll auch König Herodes für den Arabienfeldzug ein Kontingent zur Verfügung gestellt haben. In den »Jüdischen Altertümern« heißt es (Ios. ant. Jud. 15, 317) dazu: »Um diese Zeit sandte er (= Herodes) auch dem Caesar (= Kaiser) fünfhundert auserlesene Krieger aus seiner Leibwache zu Hilfe, die Aelius Gallus ans Rote Meer führte und die dem Augustus von großem Nutzen waren.«

Als ortskundiger Begleiter für das römische Heer fungierte kein geringerer als der nabatäische Staatskanzler (»Epitropos«) Syllaios, praktisch der zweite Mann im Nabatäerreich nach dem König, der zu jener Zeit Obodas III. war. Syllaios führte sogar den Ehrentitel »Bruder« des Regenten. Zudem sollen sich im Heeresverband der Römer rund 1000 Nabatäer befunden haben.
Die Expedition begann im Frühjahr oder Sommer des Jahres 26 v. Chr. Sie endete – nach anfänglichen Erfolgen, als man die Oase Nadschran besetzen konnte, dessen Herrscher geflohen war, und nach der Einnahme und wohl auch Zerstörung der Sabäerfestung Nasqum – im Herbst des darauffolgenden Jahres in einem Desaster. Hauptgrund hierfür war der Wassermangel. Die wenigen Soldaten, die sich tatsächlich bis vor die Mauern der Sabäerhauptstadt Marib durchschlagen konnten und dort auf den sabäischen Stadtfürsten Ilasaros (Ilscharah) aus dem Stamm der Raymaniten (RYMN) trafen, waren so geschwächt, daß sie militärisch nichts mehr erreichen konnten und unverrichteter Dinge wieder abziehen mußten, wenn auch Plinius in seiner Naturgeschichte (nat. VI 120) behauptet, Marib sei durch die Römer zerstört worden. Der beschwerliche Rückweg dürfte dann weitere Opfer gefordert haben. Der einzige namentlich bekannte römische Soldat dieses Feldzuges ist, abgesehen vom Kommandanten Aelius Gallus und dessen Berater Syllaios, der Ritter Publius Cornelius, dessen zweisprachig, in Griechisch und Latein, beschrifteter Grabstein in Baraqisch aufgefunden wurde.
Der ausführliche Überlieferung des Feldzugverlaufs durch den römischen Historiker Strabo (II 118; XVI 780 ff.) ist schon aufgrund der Tatsache, daß diesen mit Aelius Gallus eine persönliche Freundschaft verband, eine gewisse Parteilichkeit zu unterstellen. Als Hauptschuldigen an dem Desaster macht Strabo den Nabatäer Syllaios aus. Er soll das römische Heer absichtlich in die Irre geführt haben, um das nabatäische Monopol auf den Weihrauchhandel nicht zu gefährden. Offensichtlich teilte aber Augustus diese Ansicht nicht, denn der militärische Mißerfolg Roms scheint für Syllaios zunächst folgenlos geblieben zu sein. Daß er dennoch 6 v. Chr. auf Befehl des Augustus hingerichtet wurde, hatte andere Gründe: Zwei Jahre zuvor hatte der judäische König Herodes d. Gr. das Nabatäerreich in einen militärischen Konflikt verwickelt und Syllaios hatte im Auftrag Obodas' III. dagegen erfolgreich vor Augustus protestiert. Doch wurde er bald darauf in Rom durch Aretas IV., den Nachfolger Obodas' III., der in dem Reichskanzler wohl einen Rivalen um die Macht sah, mehrerer Vergehen bezichtigt, von denen der angebliche Giftmord an Obodas und am römischen Prokurator Fabatus am schwerwiegendsten waren, und daraufhin zum Tod verurteilt.
Auch Plinius spricht, wie schon in Zusammenhang mit der angeblichen Zerstörung von Saba durch die Römer, in seiner Naturgeschichte (nat. VI 160) den gescheiterten Feldzug des Aelius Gallus an: »Römische Waffen führte bis jetzt als einziger Aelius Gallus aus dem Ritterstand in dieses Land, denn Gaius Caesar, der Sohn des Augustus, hat Arabia nur aus der Ferne gesehen. Gallus zerstörte die von früher wirkenden Autoren nicht erwähnten Städte Negrana, Nestos, Neska, Maguson, Kaminakon, Labaitia und das oben genannte Maribba mit seinem Umfang von 6 Meilen, ebenso Karipeta, den Ort seines weiteren Vorrückens.« Mit der Nennung des Gaius Caesar, des Enkels und Adoptivsohns des Augustus, spielt Plinius darauf an, daß dieser im Jahre 1 n. Chr. einen Orient-Feldzug startete, bei welchem er drei Jahre später ums Leben kam. Abgesehen von Negara, dem heutigen Nadschran, und der hier Maribba geschriebenen Sabäerhauptstadt sind die übrigen Ortsnamen nur in diesem Werk belegt und entziehen sich deswegen auch gesicherten Lokalisierungsversuchen. Nestos bzw. Nestum identifiziert man heute versuchsweise mit As-Sawda, desgleichen Neska bzw. Naskos mit Al-Beidha. Im Ortsnamen Maguson bzw. Magusum klingt das heutige Medschzir unweit von Baraqisch nach, ebenso wie Kaminakon bzw. Kaminahu dem heutigen Kamna entsprechen dürfte. Alle genannten Lokalitäten befinden sich im Wadi al-Dschauf, das zum Reich der Minäer gehörte.

Assyrisch beeinflußte Bronzetafel mit Sphingen zwischen Palmen aus Amran

Mit diesem Weg durch das Wadi al-Dschauf verließ das Heer des Aelius Gallus die zuvor begangene Nord-Süd-Route und wandte sich nach Südosten. Die Städte und Stämme, die auf der weiter nach Süden über das jemenitische Bergland, in Richtung der heutigen Landeshauptstadt Sana'a führenden Strecke gekommen wären, waren den Römern dennoch zumindest namentlich bekannt, denn Plinius greift in seiner Naturgeschichte (nat. VI 157-159) bei der detaillierten Auflistung der Bevölkerung Südarabiens auf eine entsprechende, wohl in die Zeit zwischen 50 und 25 v. Chr., dem Datum des Feldzuges, entstandene Wegbeschreibung zurück, die wahrscheinlich dem geographischen Werk des Isidoros von Charax entstammt. Hier werden unter anderem die Zamareni, die in arabischen Texten als Dhu Amuran – eine Untergruppe des Stammes der Bakil – erscheinen, genannt. Sie bewohnten das breite fruchtbare Tal von Qa'al-Baun, dessen bedeutendste Stadt das heutige Amran ist, welches nach Ausweis archäologischer Funde und der zahlreichen in seinen Häusern wiederverbauten antiken Inschriften schon im Altertum existierte. Plinius zählt zwei Städte zum Siedlungsgebiet der Zamarener, nämlich Sagi(a)tta (Sagitha) und Canthace (Canthate), die beide noch nicht sicher identifiziert werden konnten.

Das Reich von Ausan

Die Hauptstadt Miswar

Dasjenige der antiken südarabischen Königreiche, über das bislang noch die wenigsten Informationen vorliegen, ist dasjenige von Ausan. Nicht einmal seine Hauptstadt ist gesichert. Das epigraphische Material läßt darauf schließen, daß diese Funktion vom mehrfach belegten Miswar – unter diesem Namen erscheint zuminest der Palastbezirk– wahrgenommen wurde. Für das Machtzentrum von Ausan wurde immer wieder das Ruinengelände von Hadschar en-Nab im Wadi Marcha in Erwägung gezogen, jedoch wird es neuerdings mit dem auf Luftaufnahmen entdeckten antiken Siedlungshügel von Hadschar Yahirr im Süden des Wadi Bayhan und des Wadi Chaura identifiziert. Hier erstreckt sich am Fuß der einst bewohnten Anhöhe ein weitläufiges, heute längst verfallenes, doch aus der Höhe noch gut auszumachendes Bewässerungssystem aus Kanälen und Schleusen, das von der vormaligen Bedeutung des Platzes zeugt.

Die genaue Ausdehnung des Reiches ist zwar unklar, doch dürfte es sich vom Bab el-Mandeb im Westen entlang der Küste etwa bis Ahwar erstreckt haben. Im Landesinneren grenzte es an Qataban, dem es über viele Jahrhunderte hindurch tributpflichtig gewesen zu sein scheint. Sein Kernland bildete die bergige Region oberhalb der Dathina-Ebene um das Wadi Bayhan, das Wadi Marcha und Nisab.

Aden

Die langgezogene Küstenlinie – die selbst noch im Periplus Maris Erythraei, welcher ein halbes Jahrtausend nach dem Untergang des Reiches entstand, als »ausanisches« Gestade bezeichnet wird – ist allerdings an natürlichen Hafenplätzen eher arm. So dürfte das auf einer kleinen Halbinsel gelegene heutige Aden, das im genannten »Periplus« unter dem Namen Eudaemon Arabia und als Umschlagplatz einer langen Liste von Handelswaren aus Ägypten und Indien erwähnt wird, der Haupthafen von Ausan gewesen sein. Dasselbe Werk charakterisiert Aden als » Ortschaft am Meeresufer, die zum Reiche Karibaels gehört und komfortable Anker- und Anlegeplätze hat.« Bis in die Gegenwart hinein mußte die Stadt als Schauplatz von Bürgerkriegen und innerjemenitischen Auseinandersetzungen immer wieder schwere Zerstörungen erleiden. Aus der Antike kennt man beispielsweise eine während der kurzen Regentschaft des aus Mauretanien stammenden Kaiser Macrinus (217-218 n. Chr.) durchgeführte Flottenexpedition, in deren Gefolge Aden so gründlich zerstört wurde, daß es Jahrzehnte dauerte, bis sich die Stadt von den Kriegsschäden erholt hatte. So haben sich dort heute so gut wie keine historischen Relikte mehr erhalten. Die wenigen älteren Gebäude gehören alle der islamischen Periode an. Die einzige Ausnahme bilden wohl die von den Briten – welche ihre Kronkolonie Aden erst 1963 in die Unabhängigkeit entlassen hatten – als »Tanks« bezeichneten Sammelbecken für das Regenwasser, welche seinerzeit die einzige Versorgungsmöglichkeit für die Stadt mit Wasser darstellten. Allgemein datiert man diese Installationen in die Zeit der altsüdarabischen Königreiche. Allerdings hat man keine historischen Inschriften gefunden, die über die Entstehungszeit oder die Baumeister der Anlage Auskunft geben würden, auch wenn die ausanischen Herrscher oder eventuell ihre sabäischen oder noch später himyaritischen Nachfolger auf die Erstellung dieses ausgeklügelten Speichersystems hätten stolz sein können. Die »Tanks« bestehen aus einer Abfolge von insgesamt 17 gestaffelten offenen Zisternenbecken, die durch Kanäle und Überläufe miteinander in Verbindung stehen und zusammen etwa 45 Millionen Liter Wasser aufnehmen können. Diese ziehen sich abwärts an dem Hangeinschnitt von Tawila an der nördlichen Innenwandung des bis 517 m ü.d.M. aufragenden Dschebel Schamsan, eines längst erloschenen Vulkankraters, der noch heute den historischen Stadtkern von Aden birgt. Deswegen trägt seit der britischen Besatzungszeit dieses Viertel den Namen »Crater«. Die mutmaßlich antiken Baumeister haben für die Abfolge der Wasserbecken eine Stelle herausgesucht, die einen möglichst großen Einzugsbereich hatte, so daß in ihnen die optimale Menge an Regenwasser zusammenfloß. Als die Speicher ihre Funktion eingebüßt hatten und nicht mehr unterhalten und regelmäßig gereinigt wurden, verschwanden sie bald unter Geröll und Abfällen und sind erst 1856 von den Engländern wiederentdeckt und freigelegt worden. In Erinnerung daran benannte man das am tiefsten gelegene und gleichzeitig größte der Becken – sein Fassungsvolumen beträgt 13 Millionen Liter – nach dem englischen Offizier Playfair.

Die wirtschaftliche Rolle

Ausan scheint nur geringfügig am Weihrauchhandel beteiligt gewesen zu sein, doch bot die Lage des Reiches an der Peripherie Südarabiens die Gelegenheit, wirtschaftliche Kontakte mit der afrikanischen Ostküste und ihrer vorgelagerten Inseln bis hinab nach Pemba und Sansibar zu pflegen. Sie dürften die ersten südarabischen Außenposten im heutigen Eritrea und Somalia gegründet haben. So scheint Ausan eine bedeutende Wirtschaftsmacht gewesen zu sein, die beim Karawanenhandel der anderen südarabischen Reiche die wichtige Rolle als Zubringer innerafrikanischer Güter spielte, und der ihrerseits die Kleinreiche von Dahas (heute Yafa'a) und Tubanaw (heute Lahedsch) tributpflichtig waren.

Ausanische Könige treten selten ins Licht der Geschichte, so König Amyatha. Ein ihm zuweisbarer Schatzfund gelangte seinerzeit in das Museum von Aden und entstammt offensichtlich seinem Grab.

Das vorläufige Reichsende

Als letzter Herrscher eines unabhängigen Ausan galt lange Zeit König Martawa (Muratta). Denn sein Reich wurde kurz nach 700 v. Chr. ein Opfer der Expansionsbestrebungen des sabäischen Mukarribs (Priesterfürsten) Karib'il Watar, der als erster den Titel »König von Saba« annahm. Nach seinem Sieg wurden die Mauern und Tempel der ausanischen Hauptstadt Miswara eingerissen und geschleift und deren gesamte Oberschicht hingerichtet. Ein ähnliches Schicksal erfuhren die ausanischen Städte Datinat (Dathina) und Tafid (Abyan), die Ortschaften entlang der Küste und die Vasallenstädte Dahas und Tubanaw. Insgesamt sollen die Sabäer nach ihrem Sieg

16 000 Menschen ermordet und 40 000 als Kriegsgefangene verschleppt haben. Nach der Zerschlagung von Ausan hielten die Sabäer die Küstenebene besetzt, um den lukrativen Afrikahandel selbst abwickeln zu können, und schlugen das Hinterland dem Reich von Qataban zu, das ihnen zu jener Zeit tributpflichtig war.

Das erneute Erscheinen

Den Ausanern muß es jedoch gelungen sein, die qatabanische Oberhoheit im 1. Jahrhundert v. Chr. noch einmal abzuschütteln. Dafür spricht ein heute im Museum von Aden befindliches Ensemble von drei Alabasterstatuen, die wohl in der fraglichen Zeit entstanden sind. Sie stellen ausanische Könige dar, die einander als Vater, Sohn und Enkel im Amt folgten. Nicht nur, daß man daraus auf eine Erbmonarchie schließen kann; es zeigt sich an diesen Bildwerken vor allem der rasche Wechsel innerhalb von drei Generationen vom traditionellen altsüdarabischen Stil hin zu einer stark vom Mittelmeerraum beeinflußten Kunst und Ikonographie. Alle Herrscher sind stehend mit nebeneinander stehenden Füßen wiedergegeben und halten – wobei ihr Ellenbogen im rechten Winkel gebeugt ist – ihre beiden Unterarme nach vorne. Die namentliche Zuweisung wird möglich durch die Inschrift auf der Frontseite der Statuensockel. Das älteste der Bildwerke, die allesamt aus dem Wadi Marcha stammen, stellt König Yasduq'il Fari'um, den Sohn des Ma'd'il, dar. Dieser war der erste Regent nach der wiedergewonnenen Unabhängigkeit. Das Gesichts der Skulptur besitzt einen Schnurrbart und wird von bis über die Schultern herabhängenden langen Haaren gerahmt, die Augeneinlagen sind noch in Spuren vorhanden. Die gedrungenen Proportionen der Figur spiegeln sich in den Maßen von 70 cm Höhe und 31 cm Breite wider. Die zweite, mit 88 cm Höhe und 28 cm Breite deutlich schlankere Statue zeigt »Ma'd'il Salhan, den Sohn des Yasduq'il, der König von Ausan.« Bei ihm reicht das Haupthaar nur bis zum Nacken und über Backen und Kinn verläuft ein kurzer Bart, dessen Stoppeln durch viele kleine Bohrlöcher, die mit dunkler Paste ausgefüllt sind, angedeutet ist. Die letzte Statuette stellt Yasduq'il Faram Scharahat dar, dessen Regierung wohl schon in die ersten Jahre nach der Zeitenwende fällt. Ähnlich seinem Großvater trägt er Schnurrbart und langes, üppiges Haar, das die Schultern bedeckt; doch ist seine Lockenpracht fülliger und erheblich weniger stilisiert wiedergegeben als bei seinem Vorfahren. Am deutlichsten wird die Stilentwicklung während der drei Generationen an der Gestaltung des knöchellangen Gewandes, das alle Herrscher tragen. Fällt es bei den beiden älteren Figuren in althergebrachter Manier noch glatt aus und wird jeweils von einem in flachem Relief angedeuteten Gürtel gehalten, so verläuft die Bekleidung des jüng-

Grabstele des ausanischen Königs Yasduq'il Faram Scharah'at aus dem Wadi Marcha

Statue des ausanischen Königs Yasduq'il Fari'um

Statue des ausanischen Königs Ma'd'il Salhan

Statue des ausanischen Königs Yasduq'il Faram Scharah'at

sten Regenten – über einem glatten Untergewand mit langen Ärmeln – in Art einer römischen Toga in breiten gestaffelten Falten quer über den Körper. Yasduq'il Faram Scharahat ist darüber hinaus durch seine Grabstele sowie aus Votivinschriften bekannt, da er in Na'man, im Nordwesten von Miswara, im dortigen Tempel des ausanischen Staatsgottes, des Mondgottes Wadd, einen Altar besaß.

Das minäische Reich

Das nordwestlich an die Sabäer anschließende Volk der Minäer bezeichnete seinen Staat selbst – so erstmals im Text RES 3943 – zumeist als Königreich von Ma'in. Die Bezeichnung »minäisches Reich« hat sich heute unter anderem deswegen durchgesetzt, um besser zwischen dem gesamten Staatsterritorium und dessen Hauptstadt Ma'in, die jedoch in der Antike Qarnawu (Karna) genannt wurde, unterscheiden zu können. Qarnawu/Ma'in hatte Yathil, das heutige Baraqisch, zu einem unbekannten Zeitpunkt in dieser Funktion abgelöst.

Wieder ist es vor allem Plinius, der zu den Minäern (bei ihm »Minaier«) einige Angaben macht. Diese fallen allerdings recht knapp aus: »An die Adramiter schließen sich im Landesinneren die Minaier an«, heißt es an einer Stelle (nat. VI 155), und wenig später (nat. VI 161) zitiert er die Feststellung des römischen Feldherrn Aelius Gallus, »die Minaier hätten fruchtbares Land mit Palmbaum-Pflanzungen, ihr Reichtum bestehe aus Viehherden«. Skurril ist seine Aussage, die Minäer seien aufgrund der Namensähnlichkeit »ihrer Meinung nach Abkömmlinge des Königs von Kreta, Minos« (nat. VI 157). Als Weihrauchproduzenten erscheinen sie zudem noch in seinem 12. Buch (nat. XII 54) und werden zudem noch von Strabo (XVI 768 & 776) und Ptolemaios (VI 7,23) erwähnt. Außerdem treten sie in einem ungewöhnlichen Textdokument des 2. Jahrhunderts v. Chr. in Erscheinung, nämlich der bereits 1908 veröffentlichten griechisch-minäischen Bilingue, die auf der Insel Delos aufgefunden wurde. Diese Inschrift befindet sich auf einem Altarsockel, den dort zwei Minäer ihrem Mondgott Wadd gestiftet haben.

Fragwürdig ist der Versuch, die Minäer mit den Meunitern in Verbindung zu bringen, die an mehreren Stellen des Alten Testaments genannt werden: Israeliten vom Stamm Simeons »erschlugen die Meuniter, die sie dort fanden« (1 Chron. IV 41); »danach zogen die Moabiter und Ammoniter mit einer Anzahl von Meunitern zum Krieg gegen Joschafat heran« (2 Chron. XX 1); »Gott stand ihm (dem israelit. Kg. Usija) bei ... gegen die Meuniter« (2 Chron. XXVI 7). Denn aufgrund der übrigen topographischen Angaben in den genannten Textpassagen können sich die geschilderten Ereignisse nur unweit südlich des Toten Meeres im Seir-Gebirge auf dem Boden des ehemaligen Edom abgespielt haben.

Die Geschichte des Minäerreiches ist in weiten Zügen unbekannt. Zwischenzeitlich konnten mehr als zwanzig Herrschernamen ermittelt werden, wobei die Ermittlung der Abfolge durch den Umstand erleichtert wurde, daß bei den Minäer – offensichtlich als einzige – in der Regel eine offizielle Koregenz zwischen dem jeweiligen König und dem designierten Thronfolger stattfand. Ein Synchronismus erlaubt es, den Herrscher Abyada Yata in die Zeit um 343 v. Chr. zu datieren. Demzufolge dürfte sich das Königtum um die Mitte des 6. Jahrhunderts v. Chr. herausgebildet haben, auch wenn die zeitlichen Ansätze einiger Wissenschaftler davon um Jahrhunderte abweichen. Gegen 125 v. Chr. fand das Reich sein Ende durch die Übernahme durch die Sabäer oder Qatabaner, deren Vasallen sie zuletzt zumindest waren.

Das Reichsgebiet und seine Städte

Das minäische Reich ging aus einem kleinen Kerngebiet im Wadi al-Dschauf und seinem Einzugsgebiet – darunter vor allem das wasserführende Wadi Madhab – hervor, wo sich heute noch die antiken Stätten in dichter Folge drängen. Am weitesten talaufwärts liegen in enger Nachbarschaft die Ruinenfelder von Al-Beidha und südöstlich davon As-Sawda. Sie können wohl mit den beiden alten Schwesterstädten Naschq (Naskos) und Naschan (Nestum) identifiziert werden, die schon im Tatenbericht des Karib'il Watar um 700 v. Chr. als dessen Gegner erwähnt werden und von ihm erst nach dreijähriger Belagerung eingenommen werden konnten. Die vor einigen Jahren durch französische Archäologen untersuchte Stadtruine von Al-Beidha mit den mutmaßlichen Überresten des antiken Naschqum zählt mit ihrem nahezu kreisförmigen Stadtgrundriß von fast 1600 Metern Umfang zu den eindrucksvollsten archäologischen Stätten des Jemen. Die mit 58 Türmen bewehrte Umfassungsmauer ist an ihrer Außenseite mit sorgfältig geglätteten Quadern errichtet und weist innen einen Kern aus ungebrannten Ziegeln auf.
Im Bericht des Karib'il Watar werden als Profiteure seines Feldzugs die sabäerfreundlichen Könige der beiden weiter talabwärts gelegenen Orte erwähnt, nämlich Nabat'ali von Kaminahu, das bei Plinius (nat. VI 160) als Caminacum erscheint, und Adhmurmalik von Haram (HRM), dessen Ruinen sich unweit des heutigen Hauptortes Al-Hazm erstrecken. Zwischen diesen beiden Plätzen befindet sich noch die Ortschaft Al-Ghail. Karib'il Watars Schilderung zeigt deutlich, daß das Wadi Dschauf damals unter einer Reihe rivalisierender Stadtstaaten aufgeteilt war und sich das geeinte Reich der Minäer dort erst später herausbildete.

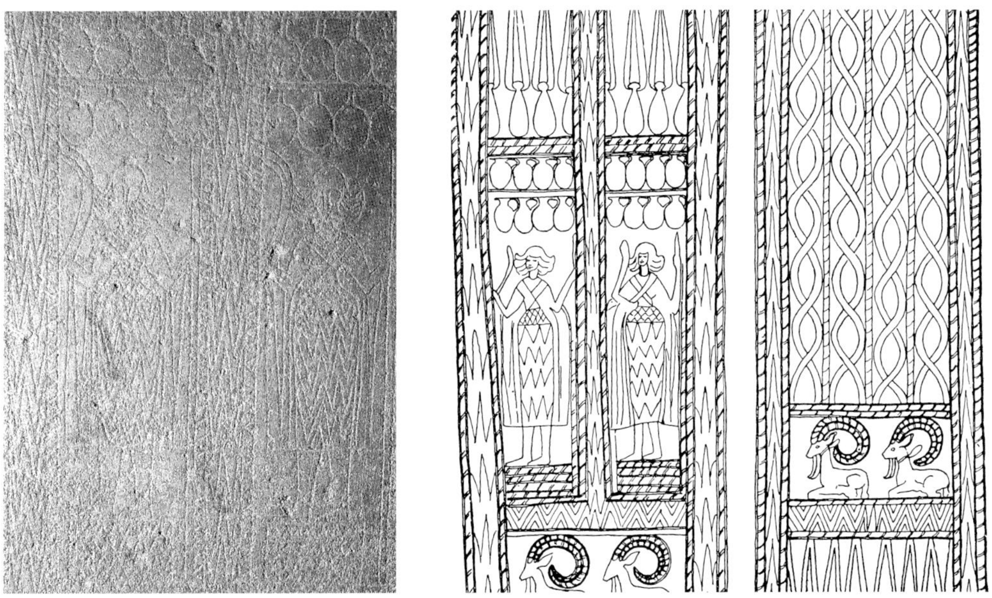

Pfeiler mit eingeritzten Steinbock- und Frauendarstellungen aus einem Tempel außerhalb von Al-Hazm

Weiter talabwärts liegen schließlich die Überreste der damaligen minäischen Hauptstädte Qarnaw (heute Ma'in) und deren Vorläuferin Yathil (heute Baraqisch). Der letztgenannten Stadtruine liegt südlich im Wadi 'l-Fardah das Dorf Medschzir gegenüber, in dessen Namen sich noch seine antike Bezeichnung Magusum verbirgt. Dieses erscheint in der Auflistung des Plinius (nat. VI 160), wo diejenigen Orte genannt sind, die der römische Feldherr Aelius Gallus auf seinem Südarabien-Feldzug zerstört haben will.

Baraqisch

Yathil, das heutige Baraqisch, war die erste Hauptstadt des Minäerreiches, die später diese Funktion an das weiter im Norden gelegene Qarnawu, das heutige Ma'in, abtreten mußte. Von der antiken Stätte, die sich auf einer flachen Erhebung im Wadi al-Dschauf erstreckt, hat sich der in regelmäßigen Abständen mit vorspringenden Recht-

Personen um Ehefrauen handelte und statt der vermeintlichen Weihungen an den Tempel von den Entrichtungen des Brautpreises die Rede ist. Es fällt auf, daß alle hier aufgeführten Frauen nicht-minäischer Abkunft waren. Sie stammten unter anderem aus Gaza, Ägypten, der Handelskolonie Dedan und Yathrib. So liegt der Schluß nahe, daß die Texte vielleicht mit einer Art »Einbürgerungsritual« zu tun hatten, mit welchen die minäischen Kaufleute ihren Gemahlinnen, die sie während ihrer Handelsreisen aus dem Ausland mitgebracht hatten, den offiziellen Rechtsstatus oder zumindest die öffentliche Anerkennung als Ehefrauen verschafften.

Die minäischen Handelsniederlassungen

Erstaunlich ist, wie weit sich, trotz seines kleinen Stammlandes, das minäische Reich zu seiner Blütezeit ausdehnte. Eine Inschrift aus dem Ende des 1. Jahrhunderts n. Chr. (CIS IV 609) belegt die Anwesenheit der Minäer in Schu'ub, eine weitere (RES 3992) in Al-Dschiras, die beide nur wenig von Sana'a entfernt sind. Vor allem gründeten die Minäer im Hedschas – weit ab nördlich von ihrer Heimat – entlang der Route der Weihrauchstraße zwei Handelskolonien, die eine in Dedan, dem heutigen Chraibeh im Tal von el-Ola, dem Zentrum des späteren Königreiches Lihyan, und die andere in dem etwas weiter nördlich gelegenen Hegra (Al-Hidschr). Damit kontrollierten sie monopolartig weite Teile der Weihrauchstraße, bevor dort die Nabatäer auf den Plan traten. In Dedan trafen mehrere Handelsrouten aufeinander: Neben der Weihrauchstraße selbst waren es eine Strecke nach Westen zum Roten Meer, eine weitere nach Nordwesten ins Land Midian und eine dritte nach Nordosten zum Euphrat. An den Felswänden der Umgebung befinden sich Tausende von Inschriften, die aber fast ausschließlich in lihyanischer und nabatäischer Schrift und Sprache – beide der nordarabischen Sprachfamilie zugehörig – abgefaßt sind und damit aus nach-minäischer Zeit stammen. Die Kolonie brach zusammen, als in der Mitte des 2. Jahrhunderts v. Chr. die Sabäer zur südarabischen Großmacht aufgestiegen waren und sich neben anderen das minäische Mutterland einverleibt hatten. Das Machtvakuum wurde rasch von einem eigenständiges Königreich ausgefüllt. Gegen 115 v. Chr. wurde Dedan von den Lihyanitern erobert, die es regierten. Die aus dem Norden vorstoßenden Nabatäer, die bereits um 65 v. Chr. Al-Hegra und Dedans Nachbaroase Taima besetzt hatten, nahmen zwischen 24/5 und 9 v. Chr. auch Dedan ein und setzten dort dem ersten lihyanitischen Königreich ein vorläufiges Ende, das sich aber nach Abschüttelung der Nabatäerherrschaft um 65 n. Chr. wieder etablieren konnte. Als die Römer die Nabatäergebiete 106 n. Chr. ihrem Großreich einverleibten und die Reichsgrenzen fast bis Dedan vorschoben, wurden die Lihyaniter, die ab dem späten 3. Jahrhundert n. Chr. nicht mehr nachweisbar sind, deren unmittelbare Nachbarn.

Das Reich von Qataban

Geschichte und Ausdehnung

Das Reich von Qataban, das in den griechischen Quellen Kattabania genannt wird, nahm nach einem bei Strabo (XVI 4,4) überlieferten Zitat des Eratosthenes das gesamte Gebiet südlich von Saba bis zum Bab el-Mandeb ein. Seine Bewohner erscheinen bei Strabo als Kattabaneis, bei Ptolemaios (VI 7,24) als Kottabanoi und bei Plinius (nat. VI 153) als Catapani. Trotz dieser angeblichen Ausdehnung des Staates beschränken sich seine eigenen Textzeugnisse auf das Stammgebiet im Wadi Bayhan.
Auch bei den Qatabanern ist unklar, wann sich ihr Reich herausbildete. Erwähnt werden sie bereits im Tatenbericht des sabäischen Königs Karib'il Watar um 700 v. Chr., der sie dabei unter ihrem Fürsten Waraw'il, der damit den frühesten Herrscher repräsen-

tiert, von der Vorherrschaft durch das Reich von Ausan befreite. Ihre Regenten trugen anfänglich den Titel eines Priesterfürsten (»Mukarrib«), der erste Herrscher, der sich König nennt, ist im 4. Jahrhundert v. Chr. Yadi'ab Dhubyan, Sohn des Schahr, der letzte, der dieses Amt ausübte, war in der Mitte des 2. Jahrhunderts n. Chr. Nabat Yuhan'im. Vieles spricht dafür, daß die Staatsoberhäupter nicht mit absoluter Macht ausgestattet waren, sondern sich mit den diversen Stammesführern arrangieren mußten. Die Angaben der antiken Autoren beleuchten die Geschichte von Qataban nur schlaglichtartig. Zur Zeit Theophrasts, um 325 v. Chr., stand das Reich unter der Oberhoheit der Sabäer. Ein Jahrhundert später sieht es Eratosthenes als eine den Sabäern gleichwertige Staatsmacht. In den letzten Jahrzehnten vor der Zeitenwende war seine Blüte erloschen, die Hauptstadt Timna wurde wohl bei einem hadramautischen Feldzug in der ersten Hälfte des 1. Jahrhunderts n. Chr. in Brand gesteckt, und spätestens im ausgehenden 2. Jahrhundert n. Chr. ging Qataban, nachdem es zuvor durch das Reich von Hadramaut entscheidend geschwächt worden war, endgültig im Sabäerreich auf. Der Niedergang des Staates hatte bereits damit begonnen, daß es zweien seiner ehemaligen Teilgebiete, Himyar und Radman, mit Unterstützung durch die Sabäer gelungen war, die Unabhängigkeit zu erlangen. Dadurch wurde Qataban wichtiger Gebiete, vor allem der Küstenregion, verlustig. Aus der in den beiden Jahrhunderten vor und nach der Zeitenwende zwischen Saba und Qataban umkämpften Region um Al-Dschuba stammt eine Alabaster-Stele, die wohl als Grabmonument fungierte und einen Qatabaner im Rock mit Dolch und Langschwert unter einem Fries von Steinbockköpfen zeigt. Die Identifikation des Dargestellten wird dadurch erschwert, daß in den Textzeilen über und unter ihm je unterschiedliche Personennamen genannt werden, die zudem offensichtlich nicht zur selben Zeit angebracht wurden.

Alabaster-Grabstele eines Adoranten aus Al-Dschuba

Timna

Die Überreste der qatabanischen Hauptstadt Timna befinden sich auf dem heute Hadschar Kochlan genannten Ruinenfeld am Ausgang des Wadi Bayhan. Einst führte das Teilstück der Weihrauchstraße, die die Metropolen Sabbatha (Schabwa) und Mariaba (Marib) miteinander verband, durch die Stadt. Damit profitierte Timna bereits in der Zeit der Priesterkönige davon, daß das unweit südlich davon gelegene konkurrierende Miswar, die Hauptstadt des Reiches von Ausan, durch Karib'il Watar zerstört worden war. Strabo (XVI 768) nennt die qatabanische Hauptstadt, in welcher Amm als Hauptgott verehrt wurde, Tamna, und auch im Alten Testament (Gen. XXXVI 10; 1 Chron. I 51) wird sie unter ihrem Namen Timna erwähnt.
Am augenscheinlichsten schildert Plinius (XII 64) die strategisch günstige Lage der Stadt, die bei ihm Thomna heißt: »Ausgeführt werden kann der Weihrauch nur durch das Gebiet der Gebbaniter, und daher zahlt man auch ihrem Herrscher eine Abgabe. Ihre Hauptstadt Thomna ist von der an unserer Küste in Judäa gelegenen Stadt Gaza 2 437 500 Schritte entfernt, eine in 65 Kamelraststätten eingeteilte Strecke. Auch an die Priester und Schreiber der Könige werden bestimmte Anteile abgeführt. Außerdem beanspruchen einiges davon auch Wächter, Gefolge, Türhüter und Diener. Überhaupt: wo auch immer der Weg durchführt, muß man bald hier für Wasser, bald dort für Futter oder für Herbergen und für verschiedene Durchgangszölle zahlen, so daß sich die Ausgaben pro Kamel bis an unsere Küste auf 688 Denare belaufen, und überdies wird auch noch an die Zolleintreiber unseres Reiches gezahlt.«
Nach heutigen Berechnungen konnten die Kamelkarawanen der Antike die rund 2750 km lange Strecke zwischen Schabwa und Gaza in einem Zeitraum zwischen 69 und 88 Tagen zurücklegen.
Die wirtschaftliche Bedeutung der Stadt erschließt sich auch aus der berühmten Marktordnung des qatabanischen Königs Schahr Hilal, die, auf einem Obelisken eingemeißelt, in ihren Mauern aufgestellt war. In der wohl während der sabäischen Erobe-

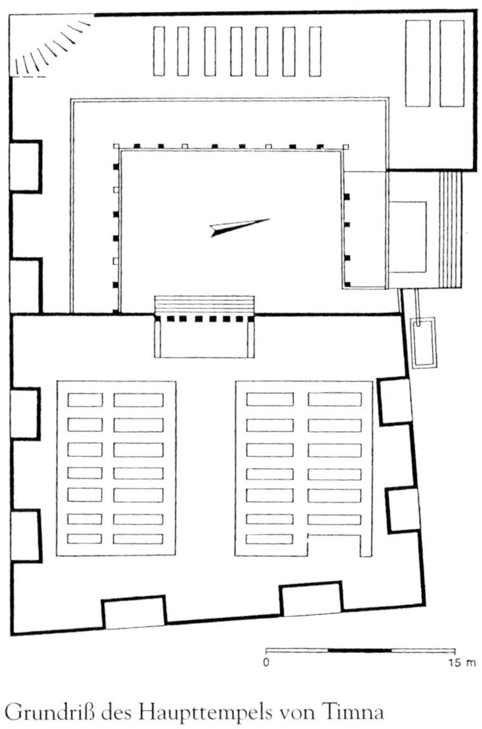

Grundriß des Haupttempels von Timna

Löwenpaar mit Reiter aus Timna

rungsfeldzüge endgültig zerstörten Stadt, die wohl schon vorher, im Verlauf des 1. Jahrhunderts n. Chr., von den Qatabanern zugunsten von Dhat Ghayl, dem heutigen Hadschar Bin Humayd, aufgegeben worden war, fanden zwischen 1950 und 1952 Ausgrabungen unter Wendel Philipps und W.F. Albright statt.
Auffällig ist, wie stark das Kunsthandwerk der Qatabaner vom griechischen Einfluß geprägt war, der sogar das Geldwesen erfaßte, indem man Zahlungsmittel prägte, welche die athenischen Eulenmünzen imitierten. Erkennbar werden die mediterranen Vorbilder auch bei einem Paar von bronzenen Löwinnen, auf deren Rücken jeweils ein Knabe reitet. Da sich beide Lebewesen trotz der symmetrischen Komposition des Ensembles jeweils dem Betrachter zuwenden, lassen sich die linke und die rechte Figur eindeutig ermitteln. Die je 61 cm hohen und 52 cm breiten gegossenen Metallplastiken werden in die Mitte des 1. Jahrhunderts v. Chr. datiert. Sie traten bei den Ausgrabungen Wendel Phillips zutage und befinden sich im Besitz der American Foundation for the Study of Man in New York, welche sie derzeit in der Washingtoner Smithsonian Institution zeigt. Die Fundlage der Figurengruppe im Brandschutt vor den Resten eines Hauses, das sich dem südlichen Stadttor gegenüber befand, spricht dafür, daß die Bildwerke einst an der Hauswand befestigt waren. Den gleichlautenden qatabanischen Inschriften auf den beiden Basen zufolge stifteten Yuwaibum und Aqrabun, Vater und Sohn, die Figuren anläßlich der Einweihung des von ihnen erworbenen Hauses. Wahrscheinlich sind die Plastiken in Südarabien gegossen wurden, und zwar nach – als Protoplasmata bezeichneten – Modellen in Ton oder Gips, deren Import aus Alexandria mehrfach belegt ist und die sogar bis nach Indien gelangten. Die Deutung des Motivs ist unklar, sie werden als Symbole der Sommersonne und der Wintersonne oder als arabische Version des Dioskuren-Motivs betrachtet.

Hadschar Bin Humayd

Eventuell unter dem Druck expandierender arabischer Stämme waren die Qatabaner im Verlauf des 1. Jahrhunderts n. Chr. gezwungen, ihre Hauptstadt von Timna ins knapp 15 km weiter südlich gelegene Dhat Ghayl zu verlegen, dessen spärliche Überreste sich heute unter dem Ruinenhügel von Hadschar Bin Humayd verbergen. Der dortige Haupttempel und der Herrscherpalast übernahmen die Namen von ihren Vorgängerbauten aus der aufgegebenen Stadt. Seine strategisch wichtige Rolle verdankt der Ort seiner Lage am östlichen Ende des für die Weihrauch-Karawanen wichtigen und entsprechend durch Baumaßnahmen erschlossenen Mablaqah-Passes, der über die Berge nach Haribat, dem heutigen Ruinengelände von Hadschar Henu az-Zureir, führte. Das Ruinengelände von Hadschar Bin Humayd, welches sich rund zwanzig Meter über dem Grund des seitlich daran vorbeilaufenden Wadi Bayhan erhebt, bedeckt eine Fläche von rund 1,6 Hektar. Heute überzieht ein unübersichtliches Gewirr von Lehmziegel- und Steinmauern, die nach Ausweis von verbauten Spolien aus wiederverwendeten Quadern errichtet wurden, den steil ansteigenden Hang des Siedlungshügels. 1951 fanden hier Grabungen statt, die noch bis in einer Tiefe von sieben Metern Keramikreste erbrachten.

Jahrzehnte nach dem Untergang des qatabanischen Reiches, das zum letzten Mal in einer 159/60 n. Chr. verfaßten Inschrift erscheint, trafen sich um die Wende vom 2. zum 3. Jahrhundert n. Chr. in der offensichtlich weiterhin besiedelten Stadt der sabäische König Alhan und der hadramautische Regent Yada'il, um ein Abkommen zu besiegeln. Erwähnt wird diese Begegnung als Datumsangabe einer Votivstele, die von Angehörigen des Stammes der Hamdan dem Gott Talab als Dank für die Geburt eines Sohnes und gute landwirtschaftliche Erträge gestiftet wurde.

Okelis

Da das qatabanische Reich zum Zeitpunkt seiner größten Ausdehnung im 3. und 2. Jh. v. Chr. bis zum Bab el-Mandeb reichte, gehörte auch der dort gelegene kleine Hafen von Okelis, der bei Plinius (nat. VI 104; XII 88) unter dem Namen Ocilia erscheint und zudem bei Ptolemaios (VI 7,7; VIII 22,7) und im Periplus Maris Erythraei (peripl. 25) erwähnt wird, zu dessen Herrschaftsgebiet. Der Ort, der wohl mit dem nahe bei der Insel Perim befindlichen heutigen Hafenstädtchen Schech Said identisch war, fiel anschließend an das Reich von Himyar.

Das Königreich Hadramaut

Das Reich und seine Bevölkerung

Die Bewohner des Reiches Hadramaut galten schon in antiken Quellen als östlichstes Volk von Arabia Felix. Bei Strabo (XVI 4) werden sie »Chadramotitai« genannt, bei Plinius erscheinen sie mehrfach und mit unterschiedlichen Schreibungen. Einmal (nat. VI 161), wo sie wegen ihrer exzellenten Bewaffnung gerühmt werden, heißen sie ebenfalls Chatramotiter. Kurz zuvor (nat. VI 155) ist – in Zusammenhang mit ihrer auffällig peripher im Westen des Reiches gelegenen Hauptstadt Schabwa(t) – von den »Atramitae, deren Hauptstadt Sabota 60 Tempel in ihren Mauern umschließt«, die Rede. Weiter heißt es über dieses Volk und sein Reich: »Sie beherrschen einen Meerbusen von 94 [Meilen Umfang], voll von Wohlgerüche hervorbringenden Inseln.«
Andererseits scheinen die Greuelgeschichten über die Gefahren, die bei den antiken Autoren im Zusammenhang mit den Weihrauchgebieten kursierten, auch vor dem Wadi Hadramaut nicht halt gemacht zu haben, denn der in altsüdarabischen Inschriften mit der Konsonantenfolge HDRMT belegte Name, der im botanischen Werk des Theophrast (hist. plant. IX 4) vokalisiert als »Hadramuta« erscheint, ist schon in frühislamischer Zeit zu arabisch Hadramaut, »Land des Brandes«, umgedeutet worden.

Topographie

Das namengebende eigentliche Wadi Hadramaut, das sich in teils engen Schluchten tief in das Hochplateau des Dschol eingeschnitten hat, beginnt unweit der Ruinen des antiken Schabwa in der Sandwüste Ramlat Sabatayn bzw. Sayhad – dem Sandgebiet, das sich östlich an die Oase von Marib anschließt – und verläuft zunächst über eine Strecke von fast 200 km bis etwa Qabr Hud parallel zur arabischen Südküste und in etwa 170 km Abstand von dieser. Dahinter wendet es sich als Wadi Masilah nach Südosten der Küste zu, die es westlich von Sayhut erreicht. Während das Wadi Hadramaut in nur geringer Tiefe Grundwasservorkommen besitzt, fehlt dieses im Wadi Masilah, das deswegen unfruchtbar ist. Das antike Reich Hadramaut beherrschte jedoch außer dem gleichnamigen Trockental und dessen Einzugsgebieten auch die dem Dschol vorgelagerte Küstenregion. Im erweiterten Sinn – so auch im englischen Sprachgebrauch – bezeichnet Hadramaut demnach das Gebiet, das vom Wadi Mayfa'ah, dem Südrand der Rub al-Khali, der Qamr-Bucht und der Küste zwischen Bir Ali und Ras Fartak begrenzt wird.

Dieses Areal läßt sich in drei geologische Zonen unterteilen: Beim dominanten Hochplateau des Dschol handelt es sich um eine mächtige Tafel aus Kalkstein des Eozäns, die auf Kreidekalken und -sandsteinen aufliegt und ihrerseits gelegentlich von Tafelbergen aus dem Oligozän bedeckt ist. Sie ist von Süden nach Norden sanft abschüssig und fällt dabei von etwa 1500 m auf 1100 m ü.d.M. am Einschnitt des Wadi Hadramaut ab. Die höchste Stelle an der Stirnseite erreicht sogar 2469 m ü.d.M. An ihrer niedrigsten Stelle, am Nordrand weit jenseits das Wadi Hadramaut, wird sie schließlich von den Sandmassen der Rub al-Khali überlagert. Diese Kippung der Kalktafel bewirkt, daß sämtliche Trockentäler, die sich zwischen Küste und Wadi Hadramaut eingetieft haben, nur nach Norden, in Richtung zu diesem hin, abfließen können, in das sie schließlich einmünden. Hingegen treffen dort von Süden her kaum Seitenwadis ein, da das Wasser aufgrund der sich fortsetzenden Schollenkippung weiterhin in nördliche Richtung entweicht.
Das Haupt-Wadi sowie die Unterläufe seiner Nebentäler bieten die einzigen landwirtschaftlichen Nutzflächen in der ansonsten unwirtlichen Umgebung. Die tiefen Taleinschnitte lassen die geologische Schichtung des Dschol gut erkennen, wo von der Talsohle aus zunächst ein rund 100 m hoher Steilhang aus Sandstein aufsteigt, über dem sich die rund doppelt so hohe Kalksteinlage senkrecht nach oben bis zur Plateaufläche erhebt.
Auch das Hochplateau nördlich des Wadi Hadramaut zwischen diesem Tal und dem Südrand der Wüste Rub al-Khali war in der Antike von Stammesgruppen besiedelt. Hier saßen nach Angaben des Ptolemaios (VI 7,24) unter anderem die Zeeritai, die ihrerseits die Dacharenoi und Blouliaioi als Nachbarn hatten. Die Zeeritai werden noch im 10. Jahrhundert n. Chr. vom arabischen Historiker Al-Hamdani als Sai'ar erwähnt, die dem Stamm der Sadaf angehörten. Dieser wiederum läßt sich mit den in südarabischen Inschriften aus der Mitte des 4. Jahrhunderts n. Chr. als SDFN erscheinenden Volksgruppierung identifizieren.
Den Übergang vom Hochplateau des Dschol zur Küstenebene bilden an seinem Südrand bis zu 700 m hohe Talflächen aus Jurakalk und nubischem Sandstein. Die Küstenregion der Tihama, des »heißen Landes«, schließlich ist ein flacher, in Richtung Meer abfallender Landstreifen von unterschiedlicher Breite, der von Sandhügeln bedeckt ist und vom Roten Meer bis Ras Fartak Tuffvulkane und Lavazonen aufweist. Gelegentlich schiebt sich dort das Gebirge auch bis zum Meer vor und unterbricht die Küstenebene.

Geschichte des Reiches

Da die Herrscher des Hadramaut nur wenige eigene Inschriften hinterlassen haben, läßt sich die Geschichte ihres Reiches über weite Teile nur aus sabäischen Quellen und den Angaben der antiken griechischen und römischen Historiker erschließen. Es erscheint erstmals kurz nach 700 v. Chr., wo es im Tatenbericht des Sabäerkönigs Karib'il Watar als dessen Vasall genannt wird. Damals dürfte sich die Hauptstadt noch in Maipha'at, dem heutigen Naqb al-Hadschar, befunden haben, und Hadramaut besaß noch keinen direkten Zugriff zu den Weihrauchvorkommen im Dhofar im heutigen Süd-Oman. Vielmehr bezog es das kostbare Baumharz – wegen der dazwischenliegenden Wüste bevorzugt auf dem Seeweg entlang der Südküste – zunächst selbst von dort, um es danach weiterzuverhandeln. Alle Karawanen, die aus dem Osten oder von der Südküste entlang der Weihrauchstraße nach Norden zogen, passierten dabei zwangsläufig hadramautisches Gebiet. Mit der Abschüttelung der sabäischen Bevormundung nach 400 v. Chr. und der Einnahme des süd-omanischen Weihrauchlandes, wo der Hafen von Sumhuram gegründet wurde, wuchs die wirtschaftliche Bedeutung des Reiches rasch an. Besonders enge Handelskontakte wurden seinerzeit mit den Minäern, dem nördlichsten der südarabischen Staaten, gepflegt, und zeitweilig unterhielten beide Reiche Karawanenwege, die das Staatsgebiet des zwischen ihnen liegenden Sabäerreiches weiträumig umgingen. Diese setzten sich daraufhin gegen die Abkoppelung von den Handelsverbindungen militärisch zur Wehr. In dieser Phase dürfte die Verlegung der Hauptstadt nach Schabwa – an den Rand des Reiches, jedoch nahe an den sabäischen Gegner – stattgefunden haben. Am Ende des Konfliktes, im späten 2. Jahrhundert v. Chr., konnte Saba das Minäerreich erobern, so daß Hadramaut sich einen neuen Verbündeten suchen mußte, den es zunächst in Qataban fand. Allerdings wechselten die Koalitionen ständig, und in der ersten Hälfte des 2. Jahrhunderts n. Chr. unternahm Hadramaut unter seinem König Yada'ab Gaylan sogar einen Feldzug gegen seinen einstigen Partner und zerstörte dabei dessen Hauptstadt Timna. In der Folgezeit eroberte es dann den verbliebenen Teil von Qataban, das zuvor schon erhebliche Gebietsverluste an die Sabäer hatte hinnehmen müssen. Mit diesem Zuwachs erfuhr Hadramaut seine größte räumliche Ausdehnung und beherrschte ein Reich, das den gesamten heutigen Jemen und Dhofar im südlichen Oman beinhaltete.

Am Übergang vom 2. zum 3. Jahrhundert n. Chr. liegt aus dem Hadramaut der bislang einzige bekannte südarabische Beleg für einen weiblichen Regenten vor. Den durch Anfügung der femininen Endung »-t« an das Wort »melek« (mlk = »König«) gebildeten Titel »malikat« (geschrieben: mlkt) trug dort eine Herrscherin namens Malikhalik (MLKHLK). Sie verdankte diese Position jedoch nur ihrer Rolle als Ehefrau des regierenden Königs Il'azz Yalut und nicht der Ausübung einer eigenständigen Regentschaft, wie man es beispielsweise für die legendäre »Königin von Saba« voraussetzen müßte. Zudem scheint es sich bei dieser Eheschließung offensichtlich um eine dynastische Verbindung gehandelt zu haben, denn Malikhalik war zugleich Schwester des sabäischen Königs Scha'ir Autar.

Als spätestens in der ersten Hälfte des 4. Jhs. n. Chr. die expandierenden himyaritischen Könige bei ihrer Unterwerfung ganz Südarabiens als letztes Gebiet auch den Osten erobert hatten, nahmen sie diesen Zugewinn in ihre Herrschertitulatur auf und nannten sich fortan unter anderem »Könige von Hadramaut«. Wahrscheinlich war es bereits um 300 n. Chr. der sabäo-himyaritische König Schammar (Schamir) Yuhar'isch, der mit seinem Sieg über Hadramaut dessen Ende als eigenständige Macht herbeiführte.

Die Städte

Mayfa'at

Die erste Hauptstadt des Hadramaut war Mayfa'at, wie der Ortsname in den einheimischen himyaritischen Texten lautet. Er ist beispielsweise der dreizeiligen Hauptinschrift am Südtor noch heute in situ zu entnehmen. Bei Ptolemaios (VI 7,41) erscheint er als »Maipha metropolis«. Er darf nicht mit Maiphat verwechselt werden, das ebenfalls von Ptolemaios (VI 7,10) erwähnt wird und das nahe der Küste nordöstlich von Qana im Wadi Maifa liegt.

Die Überreste von Mayfa'at, vor allem die ansehnliche Stadtbefestigung, bedecken unweit der heutigen Stadt Azzan auf einer Fläche von etwa 150 x 300 Metern das heute Naqb al-Hadschar genannte Ruinengelände auf einem in das Wadi Maifa'ah vorspringenden Höhenrücken. Seine Bedeutung verdankte Mayfa'at der günstigen Lage auf dem Handelsweg vom Hafen von Qana nach Schabwa oder nach Beyhan und von dort weiter nach Innerarabien. Ihr Gebiet, das ein Areal von ca. 8 Hektar umfaßte, erstreckt sich über zwei Hügel und schloß dabei nicht nur bewässerte landwirtschaftliche Nutzflächen, sondern auch noch eine Nekropole in ihrer Umwallung ein. Diese stellenweise mit einem Wehrgang versehene und mit turmartigen Vorbauten verstärkte Mauer, die in ihrer überlieferten Gestalt vermutlich im Zeitraum der beiden Jahrhunderte vor und nach der Zeitenwende entstanden ist, besaß nur zwei Durchlässe, die sich an der Nord- und der Südseite befanden. Auffällig ist, daß diese Stadttore offensichtlich nicht verschließbar waren; zumindest konnten keine entsprechenden Installationen wie Türangelsteine oder ähnliches ermittelt werden. Dieses Phänomen ließ sich auch an den Portalen anderer südarabischer Festungswerke beobachten. Die Häuser innerhalb der Umwallung waren aus Bruchsteinen und teils aus Lehmziegeln errichtet.

Plan der hadramautischen Hauptstadt Mayfa'at

Schabwa

Die spätere Hauptstadt Schabwa, welche Maifa'at in dieser Funktion ablöste, liegt in mehr als 1000 m ü.d.M. am äußersten Oberlauf des Wadi Hadramaut. Der Periplus Maris Erythraei (peripl. 27) erwähnt sie unter dem Namen Saubatha und beschreibt sie als Hauptstadt des Eleazos (Illaz), des Herrschers der (H)atramitai. Ptolemaios nennt sie Sabbatha, Plinius Sabota.

Greifenkapitell vom Palast in Schabwa

Schabwa verfügt über zwei Mauerringe, von denen der innere einen regelmäßigen Grundriß aufweist, der äußere, der auch anders aufgebaut ist, zieht sich in Gestalt eines großen Dreiecks über die Kämme der umgebenden Hügel hin.

Das erste Grabungsobjekt der fanzösischen Archäologen, die in Schabwa seit 1975 tätig sind, war die einst mehrgeschossige Palastanlage, die sich auf einem steinernem Sockel erhob. Dem repräsentativen Gebäude, das in den ersten Jahrhunderten nach der Zeitenwende entstand, ist ein Hof mit Portiken vorangestellt. Diese waren mit Paneelen geschmückt , welche Personen darstellen, wofür es in der altsüdarabischen Architektur ansonsten keine Parallelen gibt. Die Fensterrahmen und -stützen des Obergeschosses bestanden aus steinernen Pfeilern, die oben mit Kapitellen abschlossen, welche mit Greifendarstellungen dekoriert waren. Dieses Motiv belegt – neben anderen Funden wie syrischen Gläsern, italischen Amphoren und arretinischer Keramik – enge Kontakte zur späthellenistisch-römischen Welt des Mittelmeerraumes.

Daß in Schabwa mehrere Zulieferwege des Weihrauchs zusammenliefen, wird durch eine Schilderung des Plinius (nat. XII 63) augenscheinlich: »Der gesammelte Weihrauch wird auf Kamelen nach Sabota gebracht, wo ein einziges Tor für ihn geöffnet wird. Vom Wege abzuweichen, ist ein Staatsverbrechen, das die Könige mit dem Tod bestrafen. Dort beanspruchen die Priester für einen Gott, den sie Sabis nennen, den zehnten Teil nach dem Volumen, nicht nach dem Gewicht, vorher aber darf nichts verkauft werden. Davon werden die öffentlichen Kosten bestritten; denn der Gott unterhält auch großzügig Gäste an einer bestimmten Zahl von Tagen.«

Sayun

Die heutige Provinzhauptstadt des Hadramaut, Sayun, erscheint in altsüdarabischen Texten unter dem Namen Maryamat und bildet am Ende des eigenständigen Reiches von Hadramaut das Ziel eines Feldzugs des Herrschers von Saba und Dhu Raydan. In einer Inschrift aus Saba wird Maryamat gemeinsam mit Schibam und ALMD, dem heutigen Tarim, genannt. Wahrscheinlich ist es identisch mit der Stadt Maramat, die von Ptolemaios erwähnt wird.

Weitere Fundorte im Wadi Hadramaut

Heute zählen zu den eindrucksvollsten Sehenswürdigkeiten im Wadi Hadramaut die auf einer Fläche von etwa 400 x 500 Metern eng beieinander stehenden, weitgehend aus Lehm errichteten und dennoch bis zu acht Stockwerke aufweisenden und damit rund 30 Meter hohen Turmhäuser von Schibam, die aufgrund ihrer Einmaligkeit von der UNESCO zum Weltkulturerbe erklärt worden sind. Ob man sich auch die antiken Städte bereits so vorstellen kann, ist umstritten. Zumindest werden solche Hochhäuser von keinem der antiken Autoren beschrieben, denen, wenn sie schon selbst nicht vor Ort waren, diese Bauweise als erwähnenswertes Kuriosum hätte bekannt gewesen sein müssen. Andererseits sprechen die Denkmäler jener Zeit – von kleinformatigen Räucheraltären bis hin zu den großen Steinstelen der antiken äthiopischen Metropole Axum –, die mit gebälkartigen Ornamenten dekoriert sind und nach allgemeiner Ansicht auch wirklich die damaligen Architekturformen widerspiegeln, dafür, daß es damals solche Turmhäuser gegeben hat. Es wurde sogar die Vermutung geäußert, daß die mehrstöckigen Wohnbauten aus hellenistisch-römischer Zeit, die sich beispielsweise in den Stadtruinen am Rand der ägyptischen Großoase Fayum nachweisen lassen, von der südarabischen Hochhausarchitektur inspiriert sein könnten. Eine wahrscheinlich aus Marib stammende und heute im Museum von Taizz aufbewahrte vierzeilige Bauinschrift gibt Kunde davon, daß eine Personengruppe ihr steinernes Haus »mit sechs Decken und sechs Böden«, also in sechs Etagen, errichtete. Für den legendären sabäischen Ghumdan-Palast in Sana'a gibt der arabische Historiker Al-Hamdani sogar zwanzig Stockwerke an, die aber sicherlich übertrieben sind. Derselbe Autor berichtet auch, daß Schibam durch die Bevölkerung von Schabwa, die nach der Zerstörung ihrer Heimat durch die Könige von Himyar hatten von dort fliehen müssen, gegründet worden sein soll.

Zu den ersten wissenschaftlichen Ausgrabungen, die auf dem Boden des heutigen Jemen durchgeführt wurden, gehört die 1937/38 erfolgte Freilegung des Sin-Tempels von Madabum unweit des heutigen Hureida, durch die Engländerin Gertrude Caton Thompson und E. W. Gardner, die gemeinsam mit der Orientforscherin Freya Stark den Hadramaut besucht hatten. Der Fundort liegt am Rand des Wadi Amd, eines nördlichen Seitentales des Wadi Hadramaut. Das freigelegte Kultgebäude hatte sich in drei Bauphasen wohl seit dem 5. Jahrhundert v. Chr. aus einem rechteckigen, 12,5 x 9,8 Meter großen Heiligtum (Tempel A) entwickelt, das an seiner schmalen Frontseite im Südwesten bis etwa 80 v. Chr. sukzessiv aufwendigere Vorbauten erhielt. Von den 49 »offiziellen« Inschriften und neun Graffiti, die im Tempel, teils noch in situ, aufgefunden wurden und nahezu ausschließlich im hadramautischen Dialekt abgefaßt sind, nennen 22 den Mondgott Sin, dem die Kultstätte geweiht war. Daneben erscheinen auch die Götter Almaqah, Dhat Himyan und Haul.

In Hureida trat auch die einzige Inschrift aus einem Fundort im Inneren des Wadi Hadramaut zutage, die einen hadramautischen Herrschernamen nennt. Es handelt sich hierbei um eine heute im Museum von Mukalla befindliche steinerne Stierfigur mit der Aufschrift: »Yada'ab Gaylan, Sohn des Sumhuriyam, Mukarrib des Hadramaut.« Aus paläographischen Gründen stammt der kurze Text aus dem 6./5. Jahrhundert v. Chr., was diesen Stifter zum ältesten Regenten des Hadramaut macht, der mit einem eigenen Dokument belegt ist. Aus früheren Zeiten kennt man nur jenen Yada'il, der im Siegesbericht des sabäischen Königs Karib'il Watar um 700 v. Chr. erscheint.

Alle anderen hadramautischen Königsinschriften stammen aus der Hauptstadt Schabwa und dem rund 20 km westlich davon gelegenen, in der Antike Anwad genannten Felsen am Fuß des Dschebel Uqlah, an welchem nach Ausweis der zahlreichen Felsinschriften die Könige des Hadramaut ihre Würdenträger feierlich in ihre Ämter einsetzten. Auch in der Küstenregion traten Texte der Regenten zutage.

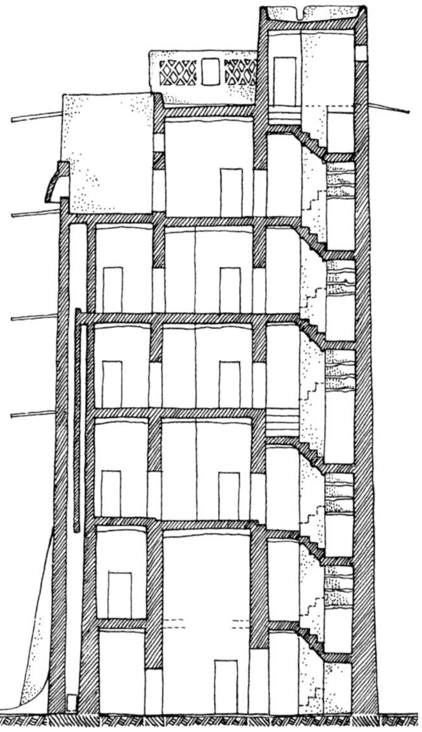

Querschnitt durch ein typisches Wohnhaus in Shibam/Wadi Hadramaut

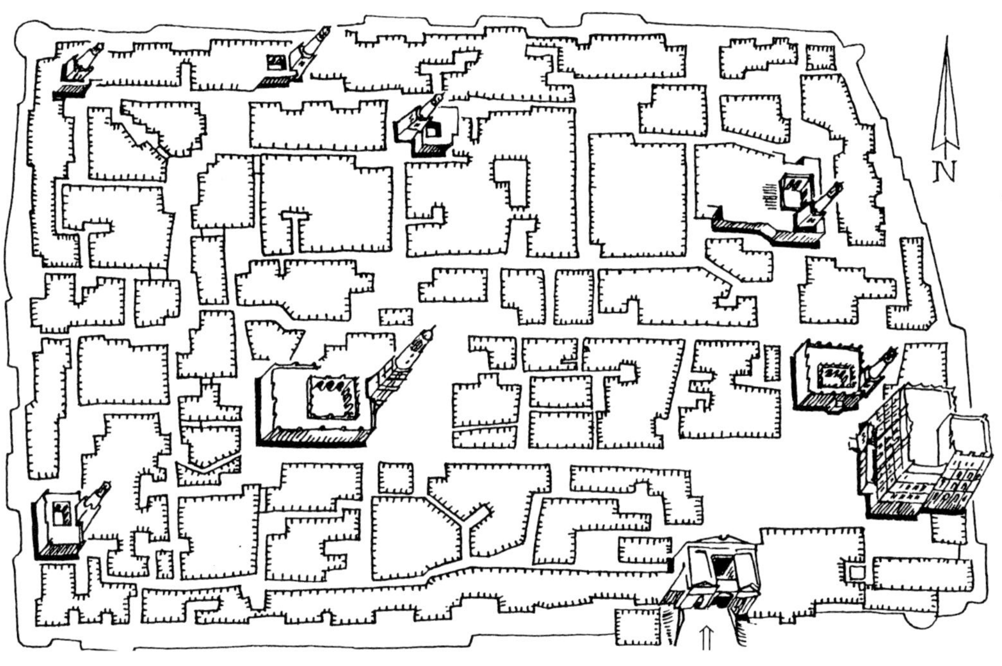

Grund- und Teilaufriß von Shibam/ Wadi Hadramaut

Keramikscherben mit Tierdarstellungen aus Rayun/Wadi Hadramaut

In jüngerer Vergangenheit erbrachten vor allem die Ausgrabungen, welche die Sowjetisch-Jemenitische Pluridisziplinäre Expedition (SOJPE) zwischen 1983 und 1991 in Raybun durchführte, bedeutende Ergebnisse. Der Fundort liegt im Wadi Do'an, einem breiten Seitental des Wadi Hadramaut, in Sichtweite des bedeutenden moslemischen Pilgerheiligtums von Mesched Ali. Als wichtigste Relikte traten dabei die Überreste von vier großen Kultstätten ans Tageslicht, die allesamt auf steinernen Plattformen gelegen und von weiteren Gebäuden, darunter Priesterunterkünfteund Refektorien für kultische Mahlzeiten, umgeben waren: Der inmitten einer Nekropole am Wadihang gelegene, dem Hauptgott Sin (Sayin) geweihte Mayfa'an-Tempel, das zentral gelegene größte Heiligtum Rahban, in welchem Dhat Himyan, wohl die Hauptgöttin des Hadramaut, verehrt wurde, sowie Hadran, das Gebetshaus der bislang hier nicht belegten Göttin Athtar(um) und der dieser Kultstätte benachbarte und wiederum der Dhat Himyan geweihte Tempel Kafas bzw. Na'man. Zudem waren mehrere kleine Schreine für Sin/Sayin über die gesamte Oase und ihre umgebenden Nekropolen verteilt.
Auch bezüglich der Inschriften erwies sich Raybun als sehr ergiebig. Es fehlen zwar Urkunden hadramautischer Könige oder hoher Staatsbeamter, was erkennen läßt, daß der Ort lediglich ein Provinzzentrum war. Doch unter den fast 3000 zumeist fragmentarischen Texten, die der Zeit vom 7. bis zum 1. Jahrhundert v. Chr. entstammen und überwiegend in den Tempeln aufgefunden wurden, gibt es auch mehrere Dutzend vollständig erhaltene, welche vor allem eine besondere Rolle der Frauen im Hadramaut erkennen lassen. Dies gilt sowohl in Bezug auf ihrer rechtlichen Stellung wie auch auf ihre Vermögensverhältnisse. Im Vergleich mit Tempelweihungen aus anderen südarabischen Reichen sind die Frauen hier mit Stiftungsinschriften überproportional stark verteten, und die in den Heiligtümern, insbesondere dem Tempel der Dhat Himyam tätigen Priesterinnen waren offensichtich mit ungewöhnlichen Weisungsbefugnissen ausgestattet und fungierten auch als Schlichterinnen bei Ehestreitigkeiten.

Qana

Qana, das antike Kane, liegt über einer Landzunge in der Bucht des heutigen Dorfes Bir Ali. Als der Periplus Maris Erythraei (peripl. 27) niedergeschrieben wurde, gehörte Kane zusammen mit seinem vorgelagerten Burgberg, dem antiken Urr Mawiyat und heutigen Husn al-Ghurab (»Krähenfestung«), als wichtiger Umschlaghafen für den Weihrauchhandel zum Reich des hadramitischen Königs Eleazos, der in »Saubatha«, also Schabwa, residierte. Ptolemaios (VI 7,10) bezeichnet Kane als »emporion«, und auch Plinius (nat. VI 104) erwähnt den Ort als Teil des Weihrauchlandes. Qana ist möglicherweise identisch mit Kanneh, das im Klagelied des Hesekiel bzw. Ezechiel (XXVII 23) über das Schicksal des untergegangenen Tyros als dessen einstiger Handelspartner erwähnt wird. In sabäischen Inschriften tritt Qana sechsmal in Erscheinung, wovon die Hälfte der Nennungen Berichte von Kämpfen gegen Hadramaut sind, die wohl in der 1. Hälfte des 3. Jahrhunderts n. Chr. stattgefunden haben.
Beim steilen Aufstieg auf den Burgberg, einen dunklen Lavaklotz, der mit dem hellen Sand der umgebenden Bucht kontrastiert, stößt man im oberen Drittel auf eine monumentale, zehnzeilige Inschrift, die von Reparaturarbeiten an den Mauern und Zisternen berichtet. Diese waren als Folge der kriegerischen Auseinandersetzungen notwendig geworden, die zwischen den äthiopischen Axumiten und dem sabäo-himyaritischen Reich, das zu jener Zeit Qana kontrollierte, nach dessen blutigen Christenverfolgungen im Jahre 525 n. Chr. ausgebrochen waren. Der kürzere Text, den man zuvor passiert, kündet lediglich an, daß die genannte große Inschrift am Felen von Urr Mawiyat angebracht wurde. Oben sind innerhalb der Umfassungsmauern, die den Bergsattel umschließen, neben großen Zisternen auch Reste von Bebauung zu sehen.
Im Jahre 1985 begannen russische Archäologen mit Ausgrabungen des Ortes und konnten dabei zahlreiche Gebäude der ab dem frühen 1. bis ins frühe 7. Jahrhundert

n. Chr. besiedelten und dann von Mukalla abgelösten Stadt zu Füßen des Burgberges freilegen. Importierte Keramik und Münzen zeugen von den Handelskontakten bis ans Mittelmeer. Unter den epigraphischen Funden ist diesbezüglich vor allem eine fünfzeilige griechische Inschrift aus dem 4. Jahrhundert n. Chr. bemerkenswert.

Die übrige Südküste

Zum Einflußbereich des Königreiches Hadramaut gehörte auch der im Periplus Maris Erythraei (peripl. 29) und bei Ptolemaios (I 17,2 und VI 7,46) Sachalites [kolpos] genannte Küstenstreifen am Indischen Ozean, dessen Lokalisierung lange umstritten war. Man setzte das in südarabischen Texten als Sa'kalan erwähnte Weihrauchland lange zwischen Qana, dem heutigen Husn al-Ghurab, im Westen und Suagros, dem heutigen Ras Fartak, am westlichen Ende der Bucht von Omana an der jemenitisch-omanischen Grenze an, was bedeutete, daß die antiken Vorläufer von Mukalla und Schihr die Hauptorte jener Region gewesen wären. Ptolemaios (VI 7,41) erwähnt auch einen Ort Makkala, doch stößt die sich lautlich aufdrängende Identifizierung dieser Lokalität mit dem heutigen Mukalla auf Probleme, weil damit die topographische Abfolge der Ortsnamen durch einen viel zu weit im Osten gelegenen Platz durcheinandergebracht werden würde. Wahrscheinlich ist Makkala mit Manqal (heute As-Sawda) im Hinterland des »Mélon óros« gleichzusetzen. Mittlerweile sucht man das Wohngebiet der Sachalitai weiter westlich im östlichen Mahra-Land. Demzufolge befand es sich zwischen dem Kap von Suagros im Westen und Ras Naus bzw. dem Kap Korodamon (heute Ras Gumguma) im Osten, also weitgehend auf heutigem omanischem Staatsgebiet.
Die Hadramauter gründeten in augustäischer Zeit in der Sachalitischen Bucht, die inschriftlich als Küstenstreifen des Weihrauchlandes Sa'kalan belegt ist, einen wichtigen Ausfuhrhafen für das kostbare Baumharz. Die Boswelia-Sträucher die dieses Produkt liefern, wachsen dort – sowohl in der Küstenebene wie auch im dahinter ansteigenden Dschebel Akhdar, dem »Grünen Berg« – immer noch in beachtlicher Zahl. Heutiger Hauptort der Region ist Salalah, in der Antike übte Sumhuram (SMRM; auch Samarum vokalisiert) diese Funktion aus, welches durch die Grabungen Wendel Philipps 1953 mit dem heutigen Khor Rori östlich von Salalah identifiziert werden konnte. In den antiken Ruinen, die von einer ovalen Stadtmauer umgeben sind, konnten damals die entsprechenden Gründungsinschriften im Bereich des einzigen Stadttores, welches eigenartigerweise der Küste und dem natürlichen Hafenbecken vor der Stadt abgewandt liegt, aufgefunden werden. Diese Texte befinden sich zumeist noch heute in situ. Neben der lokalisierbaren Hauptstadt nennen die Texte aber auch noch den Hauptausfuhrhafen Moscha (gesprochen Mos-cha), dessen genaue Lage noch nicht ermittelt werden konnte. Dem Periplus zufolge wurde von hier der Weihrauch zunächst auf dem Seeweg nach Qana, das heutige Husn al-Ghurab, und von dort aus auf dem Rücken von Kamelen nach Sabota (Schabwa), der Hauptstadt des Hadramaut, transportiert. Als Ort des antiken Moscha bietet sich unter anderem Al-Balid am Stadtrand von Salalah an, wo allerdings bislang nur frühislamische, aber keine altsüdarabischen Relikte aufgedeckt werden konnten. Bei den Ausgrabungen trat in einem Raum eines der antiken Wohnhäuser immerhin ein Befund ans Tageslicht, der sich mit den Ausführungen von Plinius (nat. XII 58) deckt, wonach der Weihrauch auf Palmmatten getrocknet und aufbewahrt werden würde. Denn die Archäologen stießen auf 49 kg Weihrauch, der sich in 3 bis 8 cm dicken Lagen auf einer ebensolchen Unterlage befand. Ptolemaios (VI 7,24) gibt noch als Nachbarn der Sachalites die ansonsten nicht belegten Iobaritai an. Eventuell sind diese identisch mit dem Stamm Yuhba'r, welchem der hadramautische König Yada'il Bayyin angehörte.

Jahre beanspruchenden Restaurierungsmaßnahmen wurden im Rahmen eines Kulturhilfe-Abkommens zwischen der Bundesrepublik Deutschland und dem damaligen Nord-Jemen seit 1977 in den Werkstätten des Römisch-Germanischen Zentralmuseums in Mainz ausgeführt. Ins Leben gerufen wurde das Projekt, nachdem deutsche Wissenschaftler bei einer ersten Forschungsreise 1970 – einige Jahre nach Ende des nordjemenitischen Bürgerkrieges – die Trümmer der Statuen in Sana'a auf dem Dachboden eines als Magazin und Museum dienenden ehemaligen Imamspalastes aufgefunden und deren einmalige Bedeutung für die altsüdarabische Kunstgeschichte erkannt hatten. Allerdings gestalteten sich die Arbeiten aufwendiger als zunächst erhofft, denn man konnte die Fragmente der einst absichtlich zerschlagenen, aber glücklicherweise nicht eingeschmolzenen Statuen, die durch die Hammerschläge stark deformiert waren, nicht einfach wieder in ihre ursprüngliche Gestalt zurückbiegen, da sonst die Bronze geborsten wäre. Also formte man die Trümmer ab, nachdem man die Korrosionsschichten an ihrer Metalloberfläche entfernt hatte, allerdings nicht in Metall, sondern in Silikon und Wachs. Diese Kopien aus weichem Material konnten leicht in die gewünschte Form gebracht werden und dienten dann, nachdem man sie in mehreren Zwischenstufen zu den kompletten Figuren zusammengesetzt und fehlende Partien modern ergänzt hatte, als Vorlage, von welchen die endgültigen Gußformen abgenommen wurden. Das Mainzer RGZM rekonstruierte und reproduzierte auf diese Weise zwei Statuenpaare, von denen ein Satz – gemeinsam mit den konservierten Originalfragmenten – wieder in den Jemen zurückkehrte und seither im archäologischen Museum von Sana'a ausgestellt ist, während die beiden anderen Kopien bei den Restauratoren verbleiben durften. Im Zuge der Restaurierung zeigte sich auch, daß die Statuen über einen längeren Zeitraum an ihrem ursprünglichen Standort, wohl dem Königspalast, aufgestellt und dort offensichtlich frei zugänglich gewesen sind, da in ihre bronzene Oberfläche zahlreiche Graffiti eingeritzt sind. Einige der Kritzeleien sind sogar in arabischer Schrift abgefaßt und damit erst in frühislamischer Zeit entstanden, so daß die Bilderfeindlichkeit der neuen Religion wohl zur Zertrümmerung der Bildwerke geführt hat.

Weitere Bronzeobjekte

Zu den spektakulärsten Objekten sabäisch-himyaritischer Kunst zählt allein schon aufgrund seiner Ausmaße ein 1,06 m hohes und 1,02 m langes Bronzepferd, das sich heute in der Dumbarton Oaks Collection in Washington D.C. befindet. Das im Hohlgußverfahren hergestellte und anschließend mit Ziselierungen verzierte Tier, das mit erhobenen Vorderläufen im Sprung wiedergegeben ist, soll aus der etwa 12 km südöstlich von Sana'a gelegenen Ortschaft Gaiman stammen. An diesem Ort waren bei Ausgrabungen neben Resten von Architektur auch zahlreiche Gerätschaften und Statuen aus Bronze zum Vorschein gekommen. Der Weiheinschrift, die gleich in der Form mitgegossen wurde, ist zu entnehmen, daß das Bildwerk durch Hauf'atschtat Yuha'dschin Gaiman, den Herrscher des gleichnamigen Stammes gestiftet wurde, und zwar als Votivgabe für Gott, der hier als »Rahmanan« (»barmherzig«) tituliert wird und von dem sich der Spender für seine Tat Segen für seine Familie, seinen Grundbesitz und sein sonstiges Hab und Gut erbat. Es muß auch noch ein zweites Bildwerk dieser Art gegeben haben, denn im Text ist von zwei Pferden samt ihrer Sättel die Rede. Das erhaltene Reittier trägt eine Satteldecke, die mittels Gurten über seinen Hals und Rumpf gehalten wird. An der linken Flanke des Tierleibes sind neben dem Stiftungstext zwei weitere Inschriften angebracht, darunter auch die Künstlersignatur. Die Paläographie der Texte läßt darauf schließen, daß die Pferdeskulptur wohl an den Übergang vom 5. zum 6. Jahrhundert n. Chr., also an das Ende der himyaritischen Herrschaft, zu datieren ist. Römische Pferde wurden übrigens schon im 3. Jahrhundert – auf dem Seeweg über den Hafen von Muza – an das jemenitische Herrscherhaus geliefert. Damit hielt nun auch in Südarabien eine neue Kriegstaktik Einzug, da Kämpfer zu Pferde wendiger und schneller waren als die Kameltruppen.

Das Vordringen des Christentums

Als im Römischen Reich unter Konstantin dem Großen (306-337 n. Chr.) das Christentum seinen Siegeszug antrat, kam es bald auch zur Missionierungstätigkeit in den benachbarten Ländern. So gelangte, wie Philostorgius (III 4) berichtet, mit der moralischen und finanziellen Unterstützung Roms der – angeblich von der Insel Sokotra im Indischen Ozean stammende – arrianische Priester Theophilos in die Gebiete um das Rote Meer und konnte den in Zafar residierenden himyaritischen König zum Christentum bekehren. Dabei kam ihm zugute, daß die traditionellen polytheistischen Glaubensvorstellungen zwischenzeitlich einem monotheistischen Gottesbild mit Ar-Rahman (»der Erbarmer«) als allein Verehrungswürdigem gewichen waren. Einen Hinweis auf den Zeitpunkt der Ereignisse gibt Theodor Lector (II 58). Ihm zufolge hätten sich die Himyariter unter Kaiser Anastasius vom Heidentum abgewandt und einen Bischof erhalten, wahrscheinlich Silvanus, der als »episcopus Homeritarum« erwähnt wird.
Auch im Reich von Axum hatte die christliche Missionierungstätigkeit Erfolg und führte zur Errichtung von Kirchen in der Hauptstadt und in Adulis. Nach den Angaben äthiopischer Kirchenschriftsteller soll das Christentum in der Mitte des 4. Jahrhunderts durch Frumentios, der dann auch erster Bischof von Axum wurde, und dessen Begleiter Aidesios, in das Land gekommen sein. Eine dazu im Widerspruch stehende Überlieferung bietet der vor allem durch seine Übersetzungen der Werke anderer Kirchenväter bedeutende Mönch Rufinus, der in der 2. Hälfte des 4. Jahrhunderts n. Chr. wirkte, in seiner Kirchengeschichte (KG X 9 f.). Er stützte sich dabei nach eigenen Angaben auf den Bericht des Aidesios. Ihm zufolge soll Frumentios als junger Mann auf der Heimfahrt von Indien in Gefangenschaft geraten, dann aber am fremden Hof zu Ehren gekommen sein. Athanasios soll ihn in Alexandria zum Bischof geweiht haben, um anschließend in Indien der neuen christlichen Gemeinde vorzustehen. Demzufolge wäre Frumentius erst posthum zum Missionar Äthiopiens und des Reiches von Axum erklärt worden. Die Existenz des Frumentius in Axum ist jedoch gesichert, da im Jahre 356 seine Auslieferung als vermeintlichen Ketzer durch den der arianischen Glaubensrichtung verpflichteten byzantinischen Kaiser Constantius II. gefordert wurde. Gerichtet war dieses – letztendlich vergebliche – Ansinnen an den axumitischen König Ezana, der, wohl um 333 n. Chr., als erster äthiopischer Regent für sich und sein Volk das Christentum angenommen hatte. Dieser Religionwechsel des Ezana ist nicht nur durch eine axumitische Inschrift gesichert, sondern fand auch in der Münzprägung ihren Niederschlag, denn fortan wurde auf den Zahlungsmitteln von Axum die Mondsichel über den Herrscherbüsten als Attribut des axumitischen Gottes Mahrem durch das christliche Kreuz ersetzt. Mit der Abspaltung der Kopten von der byzantinischen Reichskirche auf dem Konzil von Chalkedon (heute der Stadtteil Kadiköy auf der asiatischen Seite von Istanbul) im Jahre 451 n. Chr. schlossen sich auch die axumitischen Christen der monophysitischen Glaubenslehre an, die zum Zerwürfnis geführt hatte. Ihr zufolge hatte Christus während seines Wirkens auf Erden immer nur eine, nämlich eine vollständig göttliche Natur, besessen, auch wenn er äußerlich das Aussehen eines Menschen angenommen hatte. Diese »Ein-Gestalten-Lehre« spiegelt sich in der Bezeichnung ihrer Anhänger als »Monophysiten« wider. Im Gegensatz dazu hielt die byzantinische Reichskirche an der Anschauung fest, daß Christus zu gleichen Teilen Gott und Mensch gewesen sei. Wichtig für die weitere Ausbreitung des neuen Glaubens waren die »Neun römischen Heiligen«, die um 500 n. Chr. wirkten und bei denen es sich wahrscheinlich um Mönche handelten, die aus Syrien vertrieben worden waren und ebenso dem monophysitischen Glauben angehörten. Ihnen wird auch die Gründung der neun äthiopischen Klöster zugeschrieben, die jeweils den Namen ihrer Stifter tragen. Die koptische und die äthiopische Kirche blieben bis fast in die Gegenwart hinein eng verwoben, denn bis 1959 ein eigener Patriarch und Katholikos ernannt wurde, unterstand die äthiopische Reichskirche dem in Ägypten amtierenden koptischen Metropoliten.

Jüdisch-christliche Konflikte

Trotz der christlichen Missionierung war auch das Judentum in Südarabien verbreitet. Im 5. Jahrhundert n. Chr. konvertierte der himyaritische König Abu Kariba vom Christentum zum jüdischen Glauben. Sein Sohn Yussuf Asar Yathar Dhu Nuwas ließ zur Durchsetzung des neuen Glaubens Christenverfolgungen durchführen. Um 521 und wieder 525 n. Chr. wandte er sich gegen Nadschran, das noch als letzter Posten von den Axumiten auf arabischem Boden gehalten wurde. Dabei tötete er 340 Christen, was einen Gegenfeldzug der weiterhin christlichen Axumiten zur Folge hatte. Dhu Nuwas wurde in zwei Kriegen durch König Elasbaas (auch Elesbaa, Ella Asbeha) besiegt und getötet, der dabei auf die Unterstützung einer byzantinischen Flotte und des Esimiphaios, der das Amt des abessinischen Vizekönig ausübte, zurückgreifen konnte.
Es ist übrigens nicht auszuschließen, daß auf die jüdische Missionierungstätigkeit Himyars die äthiopische Judengruppe der Falascha zurückgeht, die im 9. bis 13. Jahrhundert dort eine große Rolle spielte und einige Zeit hindurch sogar das Land beherrschte.

Abraha und das Ende des südarabischen Reiches

Um 535 n. Chr. schwang sich Abraha, der dem christlichen Glauben angehörte und nach dem Zeugnis des byzantinischen Hofchronisten Prokopius (Prok. I 20) ein ehemaliger Sklave eines Römers aus dem äthiopischen Adulis gewesen sein soll, zum König des Reiches von Himyar auf, nachdem er dort bei einer Revolte Esimiphaios, den Statthalter des axumitischen Königs Elasbaas, gestürzt hatte. Abraha erkannte nach seiner Machtübernahme zwar formell die axumitische Oberherrschaft an, er konnte aber doch eine weitgehend eigenständige Politik betreiben, bei der er vor allem zu Byzanz freundschaftliche Kontakte hielt. Ein anläßlich seiner Reparaturmaßnahmen am Staudamm von Marib und einer dort erfolgten Kircheneinweihung niedergeschriebener Text aus dem Jahre 543 n. Chr. berichtet, daß er neben Gesandten des äthiopischen Königs und des byzantinischen Kaisers auch Delegationen der Araber und der Perser an seinem Hof empfing. Wann er den in der arabisch-islamischen Überlieferung von zahlreichen Legenden umwobenen erfolglosen Feldzug nach Mekka durchführte, auf den sogar im Koran (Sure 105, »Der Elefant«) angespielt wird, ist noch umstritten. Der Legende nach soll Abraha die prachtvolle Kathedrale in Sana'a vor allem mit dem Hintergedanken errichtet haben, dadurch die Bevölkerung seines Reiches vom Besuch der Kaaba von Mekka abzuhalten. Als daraufhin tatsächlich der Pilgerstrom nach Norden spürbar zurückging, soll der in der geschädigten Stadt ansässige Stamm der Koraisch aus Rache einen gewissen Nofail nach Sana'a geschickt haben, der des Nachts den Altar und die Mauern der Kirche mit Kot besudelte. Abraha rüstete daraufhin zu einer Strafexpedition nach Mekka. Seiner Streitmacht gehörten auch dreizehn Elefanten an, die beim Einzug in Mekka durch ein göttliches Wunder den Gehorsam verweigerten. Gleichzeitig erschien, von der Küste kommend, ein Vogelschwarm, der über das christliche Heer seine Last glühender Lehmbrocken entlud. Wen von den Invasoren eine gleichzeitig einsetzende Sturmflut am Leben ließ, den raffte schließlich die Pest dahin. In der islamischen Überlieferung soll sich dieses göttliche Strafgericht im Geburtsjahr Mohammeds, also 570 ereignet haben. Einen historischen Kern des Feldzugs vorausgesetzt, muß sich dieser aber früher ereignet haben, da Abraha bereits gegen 560 verstorben sein dürfte. Manche Wissenschaftler bringen eine im Jahre 547 durch dessen Truppen in Zentralarabien eingemeißelte Felsinschrift, die von der Niederschlagung eines Beduinenaufstandes berichtet, mit diesem Ereignis in Verbindung, andere datieren es aus chronologischen Erwägungen in das Jahr 552.
Vor dem Hintergrund des Konflikts zwischen Axum und Byzanz auf der einen und Dhu Nuwas auf der anderen Seite, die im Streit um die wichtige Oase Nadschran kulminierten, sind die »Leges Homeritarum« zu sehen, eine wohl von den Byzantinern initiierte literarisch gehaltene Sammlung von Regelungen und Verwaltungsvorschriften für die Oase Nadschran, die in der späteren Überlieferung dem in der himyaritischen Hauptstadt Zafar residierenden Bischof Gregentios zugeschrieben wurde.

Nach dem Tod Abrahas konnten sich seine Söhne, für die er das Prinzip der Erbmonarchie durchgesetzt hatte, bis etwa 575 n. Chr. an der Macht halten. Danach kam Südarabien, nach einer Niederlage des Vizekönigs Masruk, unter die Herrschaft der Perser; gleichzeitig wurde der Klerus dem nestorianischen Katholikos in Seleukaia/Ktesiphon unterstellt. Als der letzte persische Statthalter 634 n. Chr. zum Islam übertrat, begann für den Jemen mit dem Glaubenswechsel eine neue Epoche, die bis in die Gegenwart hinüberreicht.

Die Erforschung des Jemen

Die Wiederentdeckung Südarabiens

Während des Mittelalters gingen in Europa die aus der Antike überlieferten Kenntnisse über die Arabische Halbinsel verloren. Zwar gelangten in der Barockzeit immer wieder europäische Handelsreisende in die jemenitische Hafenstadt Moccha am Roten Meer, doch konnten sie selten ins Hinterland vordringen. Als erster, dem dies glückte, gilt der italienische Seefahrer Ludovico di Varthema, der zwischen 1500 und 1505 von Aden aus über Dhamar bis nach Sana'a gelangte. Auf ihn folgte der portugiesische Pater Paez, der sich vor allem im Wadi Hadramaut aufhielt, aber auch Marib erreichte, seinen Forscherdrang jedoch 1589 mit einer fünfjährigen Inhaftierung in Sana'a bezahlte. Sein Reisebericht enthält zudem eine der frühesten Erwähnungen des Kaffees.

Carsten Niebuhr

Die Erkundung Arabiens unter wissenschaftlichen Gesichtspunkten setzte sogar erst in der zweiten Hälfte des 18. Jahrhunderts ein. Zu Beginn des Jahres 1763 erreichte der früh verwaiste friesische Bauernsohn Carsten Niebuhr (1733-1815) als erster Europäer das Innere des Jemen als Mitglied der im Auftrag des dänischen Königs Friedrich V. zwei Jahre zuvor gestarteten »Königlich dänischen Jemen-Expedition«. Als er im November 1767 aus dem Orient zurückkehrte, stellte er das einzige überlebende Mitglied der anfänglich sechsköpfigen Forschergruppe dar, zu welcher neben dem offiziellen Expeditionsleiter F. C. von Haven der Botaniker P. Forskal, der Mediziner Chr. Cramer, der Zeichner G. W. Bauernfeind und als Hilfskraft der schwedische Soldat Berggren gehört hatten. Weniger Glück als Niebuhr war dem Orientalisten Ulrich Jasper Seetzen (1767-1811) beschieden, der 1802 in den Nahen Osten aufgebrochen war. 1809 gelang es ihm, Mekka und Medina, die beiden Nicht-Moslems versperrten heiligen Städte des Islam, zu besuchen. Im März des folgenden Jahres brach er in den Jemen auf und gelangte in die beiden Küstenstädte Aden und Moccha. Auf dem Weg von dort ins Landesinnere nach Sana'a kam er im Oktober 1811 unter nie geklärten Umständen ums Leben. Zuvor hatte er in der Himyariterhauptstadt Zafar als erster Europäer eine altsüdarabische Inschrift kopieren können.

Die wissenschaftliche Bestandsaufnahme

Das nächste bedeutende Ereignis in der Forschungsgeschichte Arabiens markierte die Wiederauffindung der Nabatäer-Hauptstadt Petra im heutigen Jordanien durch den Schweizer Orientreisenden Johann Ludwig Burckhardt (1784-1817) im Jahre 1812. Auf J. R. Wellsted geht, sieht man einmal von der Textkopie Seetzens ab, die erste Publikation altsüdarabischen Inschriften zurück, die 1837 erschien. Die Entzifferung jener zunächst als »himyaritisch« bezeichneten Texte – da man sie dem Nachfolgereich der Sabäer zuweisen wollte – gelang 1841 Wilhelm Gesenius aus Halle und dem Göttinger Emil Rödiger. Mittlerweile, nicht zuletzt dank verstärkter Forschungstätigkeit in der zweiten Hälfte des 19. Jahrhunderts, ist bekannt, daß die meisten Inschriften aus der Zeit vor der endgültigen Vorherrschaft des himyaritischen Reiches über Südarabien stammen. Zu den bedeutendsten Wissenschaftlern in dieser Phase der Erkundung, als es vor allem darauf ankam, möglichst umfangreiches Textmaterial zusammenzutragen, zählten der Franzose Thomas Joseph Arnaud mit seiner 1843 erschienenen Sammlung von Inschriften aus Marib und Sirwah, und sein Landsmann Joseph Halévy, der im Auftrag der Academie Française 1870 den Jemen bereiste.

Eduard Glaser

In die Fußstapfen des letztgenannten Forschers trat der Österreicher Eduard Glaser (1855-1908). Er besuchte den Jemen zwischen 1882 und 1895 insgesamt vier mal und kann damit als einer der bedeutendsten Jemen-Forscher angesehen werden. Zu seiner ersten Reise war er zwar bereits 1882 aufgebrochen, wurde jedoch vom osmanischen Statthalter in Sana'a zunächst an der Weiterreise gehindert. Erst im Oktober des darauffolgenden Jahres konnte er von Sana'a aus drei Exkursionen unternehmen, von welchen er für die Pariser »Académie des Inscriptions et Belles-Lettres«, die ihn finanziell unterstützte, 276 altsüdarabische Inschriften und 20 arabische Handschriften mitbrachte. Als die Zahlungen aus Paris eingestellt wurden, mußte er Anfang 1884 die Rückreise antreten. Die zweite Fahrt startete er im April 1885, obwohl die Finanzierung, abgesehen von spärlichen 800 Gulden des Österreichischen Kultusministeriums, nicht gesichert war. Nach seiner Rückkehr im Februar 1886 verkaufte er die während seines Aufenthalts erworbenen knapp 200 Antiken und etwa 250 arabischen Handschriften: die minäischen Inschriftensteine gingen nach London, die sabäischen Texte sowie die Handschriften erwarb Berlin. Mit dem Verkaufserlös sowie einem Zuschuß der Preussischen Akademie der Wissenschaften finanzierte er seinen dritten, von Oktober 1887 bis September 1889 dauernden Aufenthalt. Diesen begann er nicht, wie bisher, in Hodeidah, sondern in Aden. Von dort aus erreichte er in 44 Tagen Sana'a, das ihm als Ausgangspunkt für seinen ersten und langersehnten Besuch in der fünf Tagesreisen entfernten Sabäer-Hauptstadt Marib diente. Allein von hier, wo er sich einen ganzen Monat aufhielt, brachte er 391 Inschriften mit, die heute größtenteils im Londoner British Museum aufbewahrt werden. Den Einheimischen gegenüber gab er sich, da er perfekt arabisch sprach, als verarmter moslemischer Schriftgelehrter (Al-Faqih) aus und nannte sich Hussein Bin Abdallah al-Biraqi, wobei sich der letzte Namenszusatz von der arabisierten Form der Stadt Prag (Biraqa) herleitete. Die vierte und letzte Reise, die vom Januar 1892 bis zum Frühjahr 1894 dauerte, wurde von der »Prager Gesellschaft zur Förderung der deutschen Wissenschaft, Kunst und Literatur in Böhmen« finanziell unterstützt. Diesmal führte ihn sein Weg von Aden über Taizz nach Sana'a. Dabei gelang ihm als erster die Auffindung qatabanischer Inschriften. Zuvor war die Existenz des Reiches von Qataban nur aus anderen arabischen Texten bekannt gewesen. Seine von diesem Aufenthalt mitgebrachten 251 arabischen Handschriften gelangten in die Österreichische Hofbibliothek, aus der später die Nationalbibliothek erwuchs; die Antiken bildeten den Grundstock der altsüdarabischen Denkmälersammlung des Wiener Kunsthistorischen Museums, denn der 1881 in den Süden Arabiens entsandte österreichische Orientalist Siegfried Langer, von dessen Aufenthalt man sich bereits Material versprochen hatte, war im Jemen von räuberischen Beduinen ermordet worden. Glaser, der in Wien mit allen Fachkollegen in Streit geraten war, verbrachte seinen Lebensabend in München, wo er auch beigesetzt wurde. Trotz der Zerwürfnisse zu seinen Lebzeiten erwarb die Österreichische Akademie der Wissenschaften seinen umfangreichen Nachlaß, an dessen Auswertung noch heute gearbeitet wird.

Landberg und Müller

Im Anschluß an die Unternehmungen Eduard Glasers fand 1898/99 unter der Leitung des schwedischen Orientalisten Carlo Graf Landberg (1848-1924) und – nach dessen Rücktritt – von Dawid Heinrich Müller (1846-1912), dem Lehrer Glasers, die Österreichische Südarabien-Expedition der Kaiserlichen Akademie der Wissenschaften statt. Sie führte nach Aden, die Insel Sokotra und die Mahra-Küste und widmete sich dort neben den archäologischen Zeugnissen vor allem der Geologie, Flora und Fauna der Region. Es gelang, nachdem man in Azzan vom zuständigen Sultan zunächst an der Weiterreise gehindert und zur Rückkehr nach Aden genötigt worden war, sogar ein Vorstoß in den Hadramaut, wo wichtiges epigraphisches Material gesammelt werden konnte. Alles in allem blieb diese Unternehmung zumindest aus archäologischer Sicht weit hinter den Ergebnissen der Glaser'schen Reisen zurück.

Erste Ausgrabungen

Da der von den Imamen regierte Jemen Ausländern zumeist die Einreise verweigerte, konnten auch kaum Ausgrabungen durchgeführt werden. Zu den wenigen Ausnahmen zählen die 1938 vorgenommenen Untersuchungen in Huqqa nördlich von Sana'a durch C. Rathjens und Hermann v. Wissmann sowie die 1937/38 erfolgte Freilegung eines Tempels des Mondgottes Sin in Hureida im Wadi Hadramaut durch die Engländerin G. Caton Thompson und zwei Kolleginnen. Mit dem seinerzeit von Großbritannien kontrollierten Aden als Stützpunkt konnte die »American Foundation for the Study of Man« 1950/51 Grabungen in Timna und im Jahr darauf in Marib durchführen, die von dem damals jungen Archäologen Wendell Philipps geleitet wurden. Dabei wurde unter anderem der große Almaqah-Tempel von Marib vom Sand befreit. Zu den bedeutenden Jemen-Forschern zählt auch der Engländer John Philby, der sich 1936/37 im Land aufhielt und bedeutendes Material zusammentrug. Wenig bekannt geworden sind die umfangreichen Untersuchungen des Archäologen Ahmed Fakhry, der 1947 Marib und dessen Umgebung sowie das unruhige Wadi al-Dschauf besuchte. Ihm kam es dabei sicherlich zugute, daß er als Ägypter und Moslem von den Jemeniten als Glaubensbruder akzeptiert wurde, der ihrem arabischen Kulturkreis angehörte und sich in ihrer Sprache artikulierte.

Aktuelle Forschungen

Die Periode der intensiven Grabungs- und Forschungstätigkeit im Jemen wurde eingeleitet durch die französischen Ausgrabungen in Schabwa, der antiken Hauptstadt des Hadramaut. An anderen Plätzen dieses Trockentals, allen voran Raybun, sowie in Husn al-Ghurab, dem antiken Qana, betätigten sich russische Archäologen. Seit 1975 betreibt das Deutsche Archäologische Institut eine Außenstelle in Sana'a, und im Land sind weitere Nationen tätig wie die Vereinigten Staaten, Kanada und und Italien. Dessen Vertreter sind unter anderem im Wadi al-Dschauf tätig und ergraben dort die beiden sich ablösenden Minäer-Hauptstädte Qarnawu, das heutige Ma'in, und dessen Vorgänger Yathil, das heutigen Baraqisch.

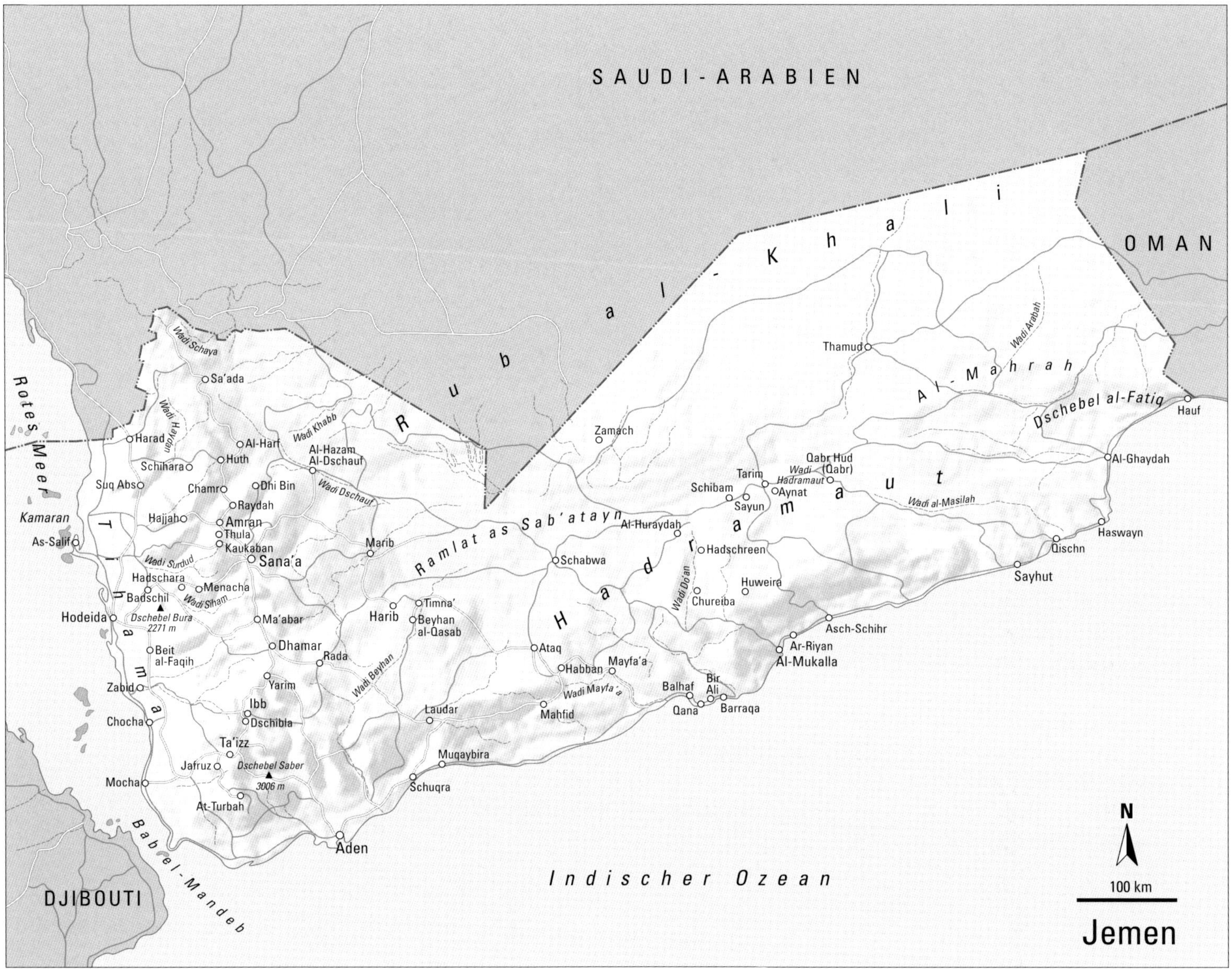
SAUDI-ARABIEN
OMAN
DJIBOUTI
R u b a l - K h a l i
H a d r a m a u t
T i h a m a
Al-Mahrah
Ramlat as Sab'atayn
Dschebel al-Fatig
Rotes Meer
Bab el-Mandeb
Indischer Ozean
Kamaran
Sa'ada
Harad
Al-Harf
Huth
Schihara
Suq Abs
Chamro
Dhi Bin
Raydah
Hajjah
Amran
Thula
Kaukaban
As-Salif
Sana'a
Hadschara
Menacha
Badschil
Hodeida
Dschebel Bura 2271 m
Ma'abar
Dhamar
Beit al-Faqih
Rada
Zabid
Yarim
Ibb
Dschibla
Chocha
Ta'izz
Jafruz
Dschebel Saber 3006 m
Mocha
At-Turbah
Aden
Al-Hazam
Al-Dschauf
Marib
Harib
Timna'
Beyhan al-Qasab
Laudar
Muqaybira
Schuqra
Schabwa
Ataq
Habban
Mayfa'a
Mahfid
Zamach
Al-Huraydah
Hadschreen
Chureiba
Huweira
Schibam
Tarim
Sayun
Aynat
Qabr Hud (Qabr)
Thamud
Balhaf
Bir Ali
Qana
Barraqa
Al-Mukalla
Ar-Riyan
Asch-Schihr
Sayhut
Qischn
Haswayn
Al-Ghaydah
Hauf
Wadi Schaya
Wadi Hayran
Wadi Khabb
Wadi Dschauf
Wadi Surdud
Wadi Siham
Wadi Beyhan
Wadi Mayfa'a
Wadi Do'an
Wadi Hadramaut
Wadi al-Masilah
Wadi Arabah
N
100 km
Jemen

Die Tafeln

Von Sana'a nach Sa'ada:

Der bis zu 3620 Meter hohe Gebirgszug, der sich parallel zum Roten Meer im Westen des Jemen entlangzieht, und an dem sich im Sommer und Winter die Monsunwolken abregnen, macht das Land zur dichtestbesiedelten Region der Arabischen Halbinsel. Seit alters her legt hier die Bevölkerung ihre Dörfer – der besseren Verteidigung wegen – zumeist auf den Gipfeln der Berge an, deren steile, mit kunstvoll angelegten Terrassen versehene Hänge im Regenfeldbau bewirtschaftet werden. So hatten es Invasoren immer schwer, die zerklüftete Gebirgsregion in ihrem Besitz zu behalten. Diese leidvolle Erfahrung mußten vor allem die Osmanen machen, die den Bergjemen zwischen 1539 und 1630 und dann erneut – mit Unterbrechungen – von 1849 bis 1918 besetzt hielten, aber jedesmal dem Druck der aufständischen Einheimischen weichen mußten. Zuletzt kostete die Unterschätzung der Probleme, welche die topographische Situation des Bergjemen aufwirft, neben unzähligen Opfern in der einheimischen Bevölkerung auch geschätzt 40 000 ägyptischen Soldaten das Leben, die während des jemenitischen Bürgerkriegs, der von 1962 bis 1967 zwischen den konservativen Anhängern des gestürzten Imams und den republikanischen Kräften tobte, zur Unterstützung der letztgenannten Gruppierung vom damaligen ägyptischen Präsidenten Nasser ans südliche Ende Arabiens geschickt worden sind.

Sana'a, der heutige Regierungssitz des seit 1990 wiedervereinigten Jemen, gilt in der Überlieferung als ältester Ort der arabischen Halbinsel, denn er soll von Sem, dem ältesten Sohn Noahs und Stammvater der Semiten, nach der Sintflut gegründet worden sein. Gelegen auf einem Hochplateau in 2200 Metern ü.d.M. zählt er zu den höchstgelegenen Hauptstädten der Welt. Bevor sich der Islam in den durch Weihrauchhandel reich gewordenen altsüdarabischen Königreichen ausbreitete, besaß Sana'a mit dem legendären, noch von mittelalterlichen arabischen Historikern gepriesenen Ghumdan-Palast einen repräsentativen Herrschersitz. Und auch im frühen Islam hatte die Stadt offensichtlich noch nichts von ihrer Rolle als Metropole eingebüßt. Denn in ihrer Hauptmoschee traten alte Koranhandschriften zutage, die noch aus der Zeit unmittelbar nach dem Tod Mohammeds stammen, als die endgültige Kanonisierung des Koran – also die Aussortierung nicht authentischer Offenbarungen Allahs an Mohammed und die Festlegung des verbindlichen Wortlautes dieser Texte – noch nicht abgeschlossen war. So weisen die frühesten dieser Dokumente noch Zitatvarianten auf, die vom heutigen Koran abweichen, was sie zu wertvollen Urkunden zur Genese des Islam macht.

Die antiken Weihrauchkarawanen zogen auf ihrem Weg nach Norden ans Mittelmeer die Täler und Pässe des Berglandes der damals sumpfigen und feuchtheißen Küstenebene vor und passierten dabei auch die Ebene von Sa'ada im äußersten Norden des heutigen Jemen. In dieser eisenerzhaltigen Region, die nach Ausweis von Felsbildern schon in prähistorischer Zeit besiedelt war, liegt die Keimzelle der zaiditischen Dynastie und des bis zum Ende des genannten Bürgerkriegs bestehenden Imamats. Denn hier predigte der aus Basra im heutigen Süd-Iraq stammende schiitische Schriftgelehrte Al-Hadi Yahya Ibn Hussein die Lehren des Said Ibn Ali aus der Familie Mohammeds und dessen Schwiegersohnes Ali, und er wurde 897 n. Chr. erster Imam des Landes mit Sa'ada als damaliger Residenz.

Vorangegangene Doppelseite:
Einige der traditionellen Wohnhäuser in Sana'a sind trotz der dichten Bebauung der Altstadt mit einem Gartengrundstück versehen. Allerdings geht die Zahl der Stadtgärten wegen der hohen Bodenpreise immer mehr zurück. Die hier gezeigten Häuserfronten liegen gegenüber der Al-Mahdi-Moschee und flankieren den »Saila«, jenen Graben, der die Altstadt von Nord nach Süd durchschneidet und im Falle schwerer Nieder schläge, wie sie gelegentlich im Gefolge des Monsuns auftreten, für eine rasche Ableitung der immensen Regenwassermengen sorgen soll.

Die von der UNESCO in die Liste des Weltkulturerbes der Menschheit aufgenomme Altstadt von Sana'a dehnt sich malerisch am Fuß des 3000 m hohen Dschebel Nuggum aus. Der Hausberg kann jedoch nicht bestiegen werden, da sich auf seinem Gipfel eine Militärstation befindet. Die mit Halbrundtürmen bewehrte Lehmziegelmauer, welche die Altstadt ehemals vollständig umgab, wurde kürzlich in ihren erhaltenen Passagen umfassend renoviert. Heute ist kaum vorstellbar, daß es bis zum Sturz des letzten Imams im Jahre 1962 außerhalb der Umwallung noch keinerlei Wohnbebauung gab. Jeden Abend wurden die Stadttore, von denen das Bab el-Jemen, das Südtor, das bedeutendste war, abgeschlossen und es herrschte ein nächtliches Ausgehverbot.

Nachfolgende Doppelseite:
Charakteristisch für die Wohnarchitektur in Sana'a ist die Verwendung unterschiedlicher Baumaterialien. Aus verteidigungstechnischen Gründen – denn bis in jüngste Vergangenheit mußte man sich selbst im Stadtgebiet gegen Raubüberfälle rivalisierender Stämme schützen – ist das Erdgeschoß der kellerlosen Häuser aus großen Steinquadern errichtet und besteht in der Regel nur aus einem großen Raum. Erst in den Etagen darüber sind die Wände aus kleineren Ziegeln aufgemauert, die, um die Fassaden zu untergliedern, in horizontalen Bändern zu geometrischen Mustern verlegt worden sind. Ebenso wie die Umrahmungen der Fenster sind sie mit dem typisch weißen Stuckbewurf versehen. Besaßen die Häuser früher Versatzgruben für die Fäkalien, so sind sie – wie die Rohre an den Hausfronten zeigen – im Zuge umfassender Sanierungsmaßnahmen an ein Abwassernetz und Leitungen mit Frischwasser angeschlossen worden.

Die traditionellen Stuckgitter an den Fenstern der Häuser von Sana'a weisen eine immense Formenvielfalt auf (**oben**). Der Unterhalt der Fassaden mit ihren filigranen Verzierungen ist teuer, daher werden Sanierungsmaßnahmen durch die UNESCO finanziell unterstützt.
Je höher ein Zimmer im Haus liegt, desto bedeutender ist seine Funktion. Der große Empfangsraum für Gäste, der »Mafradsch«, nimmt deswegen das oberste Geschoß ein, das auch raschen Zugang zur Dachterrasse gewährt. In diesem Prunkzimmer sind auch die Fenstergitter besonders sorgfältig gearbeitet und die Glasscheiben dazwischen besonders farbenprächtig. Separate Wohneinheiten auf den Flachdächern fungieren vielfach als vorläufige Bleibe für ein frisch verheiratetes männliches Mitglied der Familie mit dessen Ehefrau, die stets in das Haus des Mannes übersiedelt (**rechts**).

Den engen Raumverhältnissen zum Trotz unterscheiden sich die Häuser der Altstadt von Sana'a nicht nur in ihrer Höhe, sondern auch in ihrer Grundrißgestalt. Neben nahezu quaderförmigen Bauten gibt es solche mit Vor- und Rücksprüngen oder polygonalen Formen. Die Vielfalt der Fenster und Fassadenornamente trägt dabei ebenso zum abwechslungsreichen Gesamtbild der Stadt bei wie die unterschiedliche Formgebung der Brüstungen, mit denen die flachen Dachterrassen eingesäumt sind. Manche der Turmhäuser werden heute als »Funduk«, also als Hotel mit traditionellem Ambiente genutzt, so daß auch der dort weilende Tourist den atemberaubenden Rundblick über die Dächer von Sana'a genießen kann.

Nicht minder phantasievoll ist die Ornamentik der Minarette bei den älteren der rund 150 Moscheen im Stadtgebiet von Sana'a. Wie bei der Wohnarchitektur sind diese Türme, von denen der Muezzin fünfmal am Tag zum Gebet ruft, aus Ziegeln errichtet, die bereits so verlegt sind, daß sie plastische geometrische Muster bilden. Diese werden dann durch einen weißen Stucküberzug akzentuiert. Der Schaft des Minaretts, der rund oder polygonal sein kann, erhebt sich in der Regel über einem quadratischen Unterbau mit zinnenartigem Dekor und weitet sich oben zunächst zu einem reich verzierten Umgang. Dank moderner Technik ist der Muezzin heute nicht mehr gezwungen, diesen Umgang selbst zu besteigen, sondern die hier angebrachten Lautsprecher tragen den Gebetsaufruf in den Äther. Die kleinen Kuppeln, die schließlich das oberste Teilstück des Minarettschaftes bekrönen, sind entweder glatt oder zitronenpressenähnlich gefaltet. Dieser für die Sakralarchitektur des Bergjemen so charakteristische Bautyp – links das Minarett der Meidan-Moschee, in der Mitte das der Talha-Moschee und rechts das der Mahdi-Abbas-Moschee – entstand jedoch erst während der osmanischen Fremdherrschaft. Frühere Minarette, wie die beiden Türme der großen Freitagsmoschee (Dschami al-Kebir), zeigen schlichtere Formen und ein kaum untergliedertes aufgehendes Mauerwerk.

Die Einfassungsmauer der »Großen Moschee« von Sana'a, der ältesten moslemischen Gebetsstätte des ganzen Landes, besteht aus dunklen Quadern, die nicht bündig, sondern, da ihre Außenseite abgeschrägt ist, in horizontalen Lagen sägezahnartig verlegt sind. Im rückwärtigen, nach Nordwesten zeigenden Mauerzug sind mehrere ornamentierte Steinblöcke verbaut. Zwei der Reliefs, beidseitig eines vermauerten Torbogens, zeigen jeweils ein Paar Vögel, wahrscheinlich Tauben, zusammen mit Rosetten (**links**).

Andere Quader weisen unter einer arkadenartigen Struktur einen einzelnen Vogel auf (**oben**). Die Reliefblöcke könnten von dem legendären Ghumdan-Palast der altsüdarabischen Könige stammen oder von der möglicherweise zuvor an diesem Platz befindlichen christlichen Kathedrale, die unter dem äthiopischen Statthalter Abraha errichtet worden war. Die Moschee soll laut Überlieferung bereits zu Lebzeiten Mohammeds, um 630 n. Chr., gegründet worden sein. Neue Bauforschungen konnten dies aber nicht bestätigen.

Etwa 15 Kilometer nordwestlich von San'a erstreckt sich als beliebtes Naherholungsziel das Wadi Dhar. Die steile Abbruchkante des umgebenden vegetationsarmen rotbraunen Sandsteinplateaus, das unvermittelt zum grünen Wadigrund abfällt, ist von alten, heute verfallenen Wachtürmen umstellt. Bekanntestes Bauwerk im Wadi ist – wegen seiner markanten Lage auf einem Felskegel – der »Dar al-Hadschar« genannte Palast, den in den frühen 30er Jahren des 20. Jahrhundert Imam Yahya (1904–1948) als Sommerresidenz errichten ließ.

Erst vom Talgrund des Wadi Dhar aus betrachtet wird deutlich, wie sich der Imamspalast, der das Dorf Wadi es-Suq überragt, mit seinem verwinkelten Gebäudegrundriß an die steile Felsnase klammert. Der im typischen Stil der Häuser von Sana'a ornamentierte, von einer – hier nicht sichtbaren – Umfassungsmauer umgebene Gebäudekomplex fungiert nach umfassenden Renovierungen als Museum.

Nachfolgende Doppelseite:
In die Steilwände des Wadi Dhar sind in großer Höhe zahlreiche Höhlen eingetieft, die wahrscheinlich schon in prähistorischer Zeit als Wohn- und Begräbnisstätten fungierten. Auch der Felsen des Dar al-Hadschar beherbergt solche Felslöcher. Sicher aus der Steinzeit – wenn auch das genaue Alter nicht gesichert ist – stammen Felszeichnungen, die an einer senkrecht aufragenden Felswand unter dem Schutz eines kleinen Überhanges die Zeiten überdauert haben **(links)**. Den Großteil der Bildfläche nimmt eine nach rechts gewandte Herde von Steinböcken mit weit ausladendem Gehörn ein (**rechts oben**). Auf einer Steinknolle unweit davon ist ein einzelnes Tier eingraviert (**rechts unten**).

Als Tagesausflug, der von Sana'a nach Nordwesten führt, bietet sich ein Besuch der nahe beieinander gelegenen Städte Schibam, Kaukaban und Thula an. Der letztgenannte Ort zu Füßen eines steil aufragenden und zerklüfteten Burgberges (**oben**) gilt als besonders schönes Beispiel für eine traditionelle Siedlung. Denn außerhalb der fast vollständig erhaltenen Stadtmauer, die sich mit ihren beiden Enden zangenartig an die Steilwände des Berges anklammert, gibt es kaum störende Bebauung, und die Wohnhäuser innerhalb der Umwallung (**rechts**) zeigen alle die traditionelle Bauweise aus Steinquadern mit kleinen Fenstern, die zum Teil noch Scheiben aus dünn geschliffenen und dadurch lichtdurchlässig gemachten Alabasterplatten besitzen. Berühmt ist der Ort auch wegen seiner zahlreichen offenen Zisternen, die einstmals die Wasserversorgung sicherten.

Die Orte Schibam und Kaukaban, rund 50 km nordwestlich von Sana'a, bilden ein Paar, wobei Kaukaban unmittelbar am Felsabbruch eines knapp 3000 m hohen Berges und Schibam malerisch 350 m tiefer zu dessen Füßen liegt. Kaukaban, das während des Bürgerkrieges in den 60er Jahren des 20. Jahrhunderts starken Luftangriffen ägyptischer Flugzeuge ausgesetzt war und erhebliche Zerstörungen erleiden mußte, verfügt noch über seine komplette Stadtmauer mit einem einzigen Zugangstor.

Schibam und Kaukaban verbindet ein schmaler, steiler Fußpfad, der bis zur Anlage einer asphaltierten Auffahrtstraße an der Rückseite des Berges vor wenigen Jahren die einzige Möglichkeit bot, zur Höhensiedlung zu gelangen. Von hier bietet sich ein malerischer Blick auf Schibam (**oben**), dessen Hauptmoschee (**rechts** das Minarett) auf den Grundmauern eines himyaritischen Tempels errichtet worden sein soll. Zumindest finden sich an mehreren Stellen des Ortes, darunter auch im Stadttor, altsüdarabische Inschriftenblöcke verbaut.

Der nächste größere Ort nordwestlich von Sana'a auf dem Weg nach Sa'ada ist die malerische Stadt Amran. Sie wird von einer nahezu vollständig erhaltenen Stadtmauer aus Stein umgeben, deren Wehrgang noch heute über weite Strecken begehbar ist (**oben**). In der Antike hieß der Ort Amuran und war das Zentrum einer vom römischen Historiker Plinius als Zamareni bezeichneten Bevölkerungsgruppe, die ihrerseits zum Stamm der Bakil gehörten. Auch der arabische Geograph Al-Hamdani bewunderte im 10. Jh. n. Chr. die ansehnlichen antiken Überreste der Stadt. Heute erinnern nur noch vereinzelte sabäische Inschrif-tensteine, die in den steinernen Wohnhäusern dekorativ verbaut worden sind, an die große Vergangenheit (**rechts**).

Bei Amran verläßt eine von chinesischen Fach arbeitern angelegte serpentinenreiche Asphaltstraße die Hauptroute von Sana'a nach Sa'ada in westliche Richtung und führt – nach Überquerung eines 2800 m hohen Passes - hinab ins Wadi Schariss und wieder hinauf nach Hadscha. Auf dem Weg passiert man ausgedehnte Terrassenanlagen, die sich in oftmals mehr als hundert Stufen die Hänge hinabziehen. Früher wurde hier Kaffee angebaut, seit dieser jedoch nicht mehr mit den Billigimporten aus Südamerika und Afrika konkurrieren kann, pflanzt man neben Getreide und Viehfutterpflanzen hauptsächlich Qat, jenen Strauch, dessen junge Blätter und Triebe amphetaminartige Bestandteile mit aufputschender Wirkung besitzen. Die zugehörigen Ansiedlungen nutzen geschickt Felsvorsprünge und schmale, zungenartige Höhenrücken, die mit ihren steil abfallenden Hängen einen natürlichen Schutz bieten.

Die beeindruckendste Ansiedlung an der Straße von Amran hinab ins Wadi Schariss ist Kochlan, das sich malerisch über rund 200 m Höhenunterschied an die steilen Hänge eines Berges schmiegt. Entsprechend lassen sich die schmalen Pfade, die hier hinaufführen, nur zu Fuß bewältigen. Auf dem gut geschützten Gipfel besaßen die Imame einst eine Fluchtburg. Zwischen den aus Kalksteinblöcken errichteten Häusern befinden sich noch zahlreiche Zisternen, die einstmals die einzige Wasserversorgung des Ortes darstellten.

Nachfolgende Doppelseite:
Auf halber Strecke zwischen Sana'a und Sa'ada durchquert die Straße die Ortschaft Huth. Östlich, hinter einem Marktplatz, befindet sich das alte Stadtzentrum, dessen Bauten aus sorgfältig behauenen Kalksteinblöcken errichtet sind. Die Wandflächen um die Fenster sind vielfach als Rundbogen leicht ins aufgehende Mauerwerk eingetieft, die Fenster bestehen aus relativ kleinen Lichtöffnungen. Auffällig ist ein Doppelhaus, dessen beide Türme durch einen brückenähnlichen Übergang im obersten Geschoß miteinander verbunden sind (**links**). Seit 989 n. Chr. stellte der Ort ein religiöses Zentrum der aus Sa'ada kommenden Zaiditen dar und verfügt daher in Gestalt der As-Saumi'a-Moschee über einen, trotz seines ruinösen Zustands immer noch beeindruckenden Sakralbau, der jedoch nicht mehr zum Gebet genutzt wird. Ihn ersetzt heute unter anderem die hinter dem Marktplatz gelegene Moschee mit einem ausgedehnten Zisternenbecken für die Waschungen, die der Koran vor der Verrichtung der fünf Tagesgebete vorschreibt (**rechts**).

Kurz vor Erreichen von Huth passiert die Straße ein bislang nicht ausgegrabenes kleines Ruinenfeld, das aus altsüdarabischer Zeit stammt. Die meisten Quader liegen hier durcheinander im Gelände, viele dürften auch für die Errichtung der Häuser von Huth wiederverwendet worden sein. Nur wenige Blöcke befinden sich heute im Mauerverband, doch vermutlich von einer alten Kultstätte stehen einige Steinpfeiler noch aufrecht.

Auf halbem Weg zwischen Huth und Sa'ada bildet der 2290 m hohe Dschebel Mafluq östlich der Straße eine markante und weithin sichtbare Erhebung im Gelände. Seinen Namen, der »Gespaltener Berg« bedeutet, verdankt der Höhenzug der tiefen Einkerbung zwischen seinen beiden Gipfeln.

Zu den mühselig erreichbaren Besuchszielen gehören die alte Moschee und die benachbarte Festungsruine von Dhi Bin, die sich rund 300 Meter oberhalb der Ortschaft Zafar nordöstlich von Raida befinden. Erst nach einem längeren Aufstieg über einen geröllbedeckten Steilhang erreicht man das Plateau mit der moslemischen Gebetsstätte. Zum Schutz der baugeschichtlich bedeutsamen, jedoch beim Bürgerkrieg der 60er Jahre des 20. Jahrhunderts durch Bombardierungen stark beschädigten Anlage hat man mittlerweile den Baukörper, einschließlich des Ziegelminaretts mit seinem auffälligen tordierten Minarettschaft, mit Wellblechen abgedeckt. Hier ist der Begründer der Moschee, der 1217 n. Chr. verstorbene Imam Mansur Billah, in einem Kuppelmausoleum in der Mittelachse des Vorhofs auch beigesetzt. Die zweite Grabanlage, in der Südostecke des Hofes, gehört seinem 1226 n. Chr. verstorbenen Sohn Izz ed-Din. Für den Bau der Moschee sollen angeblich sogar Türen und Holzbalken bis aus Sana'a hierher gebracht worden sein. Noch heute beeindruckend ist die reiche Stuckornamentik an den verfallenden Wänden der Hoffassade (**oben und rechts**), deren Rettung sich mittlerweile ein französisches Team mit Erfolg angenommen hat.

Nachfolgende Doppelseite:
Die in weiten Teilen stark in Mitleidenschaft gezogene hölzerne Kassettendecke der Moschee von Zafar Dhi Bin gehört dank der Formenvielfalt ihres Schnitzwerks und ihrer farbenprächtigen, filigranen Malereien zu den schönsten Arbeiten dieser Art im Jemen. Getragen wird das prunkvolle Dach von zwei Reihen zu je zehn hohen, schlanken Säulen mit rechteckigen, akanthusdekorierten Kapitellen, auf denen die hölzernen Architravbalken unmittelbar aufliegen. Die Säulen bestehen aus gebrannten Ziegeln, sind aber so mit Stuck umkleidet, daß sie wie steinerne Stützen aussehen. Die Abfolge der rechteckigen Kassettenfelder der Holzdecke (**rechts oben**) wird gelegentlich durch kleine halbkugelige Eintiefungen (**rechts unten**) oder stalaktitenartig herabhängende Ornamente (**links**) unterbrochen.

Vom Plateau mit der Moschee durch einen Taleinschnitt getrennt wird in Zafar Dhi Bin der benachbarte Berggipfel von einer monumentalen Festungsanlage eingenommen. Die steinerne Umfassungsmauer ist unmittelbar an den nahezu senkrecht abfallenden Steilhang herangeschoben und mit Rundtürmen bewehrt. Im Gegensatz zur gut erhaltenen Umwallung präsentieren sich die Innenbauten in ruinösem Zustand. Als Bauherr der Burg gilt der Imam Mansur Billah, der 1204 n. Chr. mit den ersten Baumaßnahmen begonnen haben dürfte. Die literarische Überlieferung spricht aber auch von einem früheren Baubeginn, nämlich dem Jahr 1045 n. Chr., mit Imam An-Nasir ed-Din Allah als Auftraggeber. Mit hoher Wahrscheinlichkeit befand sich an dieser exponierten und so gut von der Natur geschützten Stelle bereits eine vorislamische, altsüdarabische Festungsanlage.

Im Westen von Huth nimmt eine Straße ihren Anfang, die durch das fruchtbare Wadi Lissam (ca. 1000 m ü.d.M.) zunächst nach Al-Gabei führt. Von dort ist über eine abenteuerliche Bergstraße mit zahlreichen engen Serpentinen, die rund 1500 m Höhenunterschied überwindet, die Auffahrt bzw. der mehrstündige Aufstieg nach Schihara möglich. Dieses Bergdorf ist berühmt geworden durch die etwa 12 m lange steinerne Brücke, die zu Beginn des 17. Jahrhunderts auf kühne Weise vom Baumeister Saleh el-Jamani über eine tiefe Schlucht zwischen der ummauerten Siedlung und dem Nachbarberg geschlagen wurde. Ein leicht zu verteidigendes, ehemals mit einer metallbeschlagenen Holztüre verschließbares Tor am Brückenkopf schützte den mit Steinstufen versehenen, an den steilen Berghang geschmiegten Pfad auf den Gipfel des Nachbarberges. Unmittelbar unterhalb des Brückenbogens sind noch deutlich die Ansätze eines weiteren Bogens, der heute eingestürzt ist, zu erkennen. Mit der nie von Feinden eroberten Bergfestung von Schihara als Hauptquartier organisierten die Imame den 1635 schließlich erfolgreichen Widerstand gegen die erste osmanische Fremdherrschaft, und von hier aus gelang es im ausgehenden 19. Jahrhundert Imam Yahya, auch die zweite Besetzungsphase durch die Türken zu beenden.

Nördlichste Stadt des Jemen ist Sa'ada. Eine Mauer aus Bruchsteinen und Lehmbewurf, die einen eigenartigen polygonalen Verlauf nimmt, umgibt den historischen Kern des Ortes. Unmittelbar nach Betreten der Altstadt durch das südliche Haupttor, das Bab el-Jemen, erreicht man den Marktplatz, an den sich östlich die Grabmoschee des Al-Hadi Yahya Ibn Hussein anschließt. Der hier Beigesetzte, der in der sechsten Generation von Fatima und Ali, der Tochter und dem Schwiegersohn Mohammeds, abstammte, kam 897 n. Chr. aus dem südiraqischen Basra in den Nordjemen und verkündete in Sa'ada, das er zu seiner Hauptstadt erwählte, die Glaubenssätze der schiitischen Lehre des Said Ibn Ali aus Medina, eines Urenkels des Ali. Als erster Repräsentant der deswegen als »Zaiditen« bezeichneten Oberhäupter, die sowohl religiösen als auch weltlichen Führungsanspruch erhoben, begründete er die bis zur Revolution von 1962 im Nordjemen praktizierte Regierungsform des Imamats, auch wenn er selbst zunächst nur über ein kleines Einflußgebiet verfügt haben dürfte.

Das heutige Erscheinungsbild der Grabmoschee des im Jahre 911 n. Chr. in Sa'ada verstorbenen Al-Hadi Yahya entstand wohl im 12. Jahrhundert n. Chr. Das Mausoleum des namengebenden Imams befindet sich unter der größten der insgesamt zwölf Kuppeln, doch nach ihm fanden hier elf weitere religiöse Würdenträger ihre letzte Ruhestätte. Keine der Kuppeln gleicht in Gestaltung und Ornamentierung einer anderen: Neben glatten Überwölbungen finden sich auch zitronenpressenartig gefaltete Formen. Einzigartig im Jemen ist, daß das aus Ziegeln aufgemauerte Hauptminarett, das wohl im 10. Jahrhundert entstand, die Mitte des Moscheehofes einnimmt. Ein weiteres kleineres erhebt sich in der Südostecke der Moschee (vgl. Gesamtansicht links).

Unter dem Einfluß des Südens sind manche der Wohnhäuser Sa'adas aus gebrannten Ziegeln errichtet (**links**), die traditionelle Bauweise ist jedoch die in der sogenannten »Sabur«-Technik. Dabei werden die Mauern allmählich in horizontalen Lagen von Stampflehmwülsten hochgezogen. Erst wenn eine Schicht getrocknet ist, wird die nächste darübergelegt. So ergibt sich zudem eine sägezahnartige waagerechte Gliederung der Hauswände. Um den einzelnen Stampflehmlagen untereinander zusätzlichen Halt zu gewähren, sind diese zudem an den Hausecken etwas hochgezogen. Da die Region um Sa'ada zu den niederschlagsreicheren Regionen des Landes gehört, muß die wasserabweisende Estrichschicht auf den Flachdächern besonders sorgfältig verlegt und unterhalten werden. Die ältesten Häuser der Stadt in dieser traditionellen Bauweise besitzen über den Eingängen hölzerne Türstürze, die mit religiösen Sprüchen und Angaben zum Baudatum versehen sind (**rechts**). Typisch für Sa'ada sind zudem die Steinbock-Hörner, die als übelabwehrende Elemente in die Ecken der Dachterrassenbrüstungen eingemauert werden (**oben**).

Sa'ada liegt in einer ausgedehnten Senke, in die von Norden das Wadi Nadschran einmündet – die traditionelle Route in die Oase Nagara (heute Nadschran) und von dort weiter nach Makoraba (heute Mekka) und Yathrib (heute Medina). Auch die antike Weihrauchstraße folgte dieser Streckenführung auf ihrem Weg ans Mittelmeer. Unter den Höhenzügen, die den Kessel von Sa'ada säumen, ist im Nordosten der wegen seiner langgezogenen Felsöffnung als »Lochberg« (Dschebel al-Mahrug) bezeichnete Abschnitt deswegen von Interesse, weil sich hier unter dem Schutz des Überhangs Felszeichnungen finde, die kürzlich von einem französischen Archäologenteam dokumentiert worden sind.

Die in die Felswände des Lochberges eingravierten Felszeichnungen stammen aus den unterschiedlichsten Perioden. Während das mit breiten Rillen eingetiefte großformatige, durch Verwitterung schon stark beschädigte Tier mit seiner Fellmusterung aus eng beieinanderliegenden Kreisen (links im Bild) wohl aus prähistorischer Zeit stammt, entstand die kleine, nicht so stark erodierte Figurengruppe (am rechten Bildrand), die eine viel flüchtiger eingekratzte Tiergruppe zeigt, erst in erheblich jüngerer Zeit; denn deutlich ist zu erkennen, daß sie sich an einer Bruchstelle befindet, an der diejenige Steinlage abgeplatzt ist, auf der sich einst die verlorengegangenen Partien des größeren Tieres befunden haben.

Schon die flüchtige Betrachtung der kleinformatigen Tiergruppe vom »Lochberg« (vgl. vorige Seite) zeigt, daß auch diese einzelnen Motive nicht zur selben Zeit entstanden sind. Während das Dromedar und das wohl einen Steinbock darstellende Tier rechts davon flächig und mit vielen kleinen Hieben regelrecht aus dem Felsen herausgepickt worden sind, hat man die Lebewesen darunter, von denen das rechte wohl eine Antilope wiedergeben soll, nur mit flüchtigen Linien in Art eines »Strichmännchens« in die Felswand eingekratzt (**oben**).

Einen Anhaltspunkt für die Datierung der flächigen Tierbilder erhält man an der Felswand von Al-Mussal Haggah östlich von Sa'ada. Dort erscheinen in diesere Technik ausgeführte Rinder-, Dromedar- und auch Menschendarstellungen gemeinsam mit altsüdarabischen Inschriften. Diese bieten zwar zumeist nur kurze Namensnennungen, können aber epigraphische Hinweise für eine genauere Altersbestimmung in vorislamischer Zeit – denn mit dem Beginn des Islam setzt sich die arabische Schrift durch – liefern (**rechts oben und unten**).

Rund 55 km nordwestlich von Sa'ada erhebt sich unmittelbar westlich der Straße nach Saudi-Arabien der Umm Layla (»Mutter der Nacht«) genannte Bergkegel, dessen rund 400 m hoher Gipfel von einer weitläufigen Festungsanlage eingenommen wird. Die dortigen Zisternen könnten schon in vorislamischer Zeit angelegt worden sein (**links**), eine davon wurde einer heute aufgelassenen Moschee als Waschgelegenheit angegliedert. Trotz des ruinösen Zustands des Gotteshauses ist die nach Norden weisende Gebetsnische von außen als Wandvorsprung auszumachen, lassen sich die aus Bruchsteinen errichteten drei Arkadenbögen, die das heute verschwundene Dach trugen, erkennen und sind auch einige der getreppten Zinnen, die einst das Flachdach umliefen, vorhanden (**oben**).

Daß die Anlage der Festung bereits auf vorislamische Zeit zurückgeht, beweist eine umfangreiche altsüdarabische Inschrift an einer geglätteten Felswand, neben der sich zudem rechts zwei weitere, kürzere Texte befinden (**links**). Der Haupttext kündet von Instandsetzungsarbeiten an den Festungsmauern und den Zisternen.
Die Mauern der Moschee auf dem Gipfel des Umm Layla (vgl. vorangehende Doppelseite) sind kunstvoll aus unterschiedlich großen Hausteinblöcken errichtet. Im Inneren des einstmals überdachten Gebetshauses ist zu sehen, daß die sorgfältig gesetzten Arkadenbögen auf niedrigen schlanken Säulenschäften ruhen (**oben**).

Von Sana'a nach Marib

Die Zentren der altsüdarabischen Königreiche, die vom Weihrauchhandel lebten, lagen nicht nur im eigentlichen Bergjemen, sondern auch in der steppenartigen Region, die sich daran, in mehreren Schichtstufen abfallend, nach Osten hin anschloß, bevor sie in die unwirtliche Sandwüste der Rub al-Khali überging. Eine Sonderrolle nimmt hierbei die Oase von Marib ein, die Hauptstadt des legendären Reiches von Saba, dessen anonyme Regentin einst König Salomo in Jerusalem besucht haben soll: Ein Ereignis, das nicht nur in der Bibel und im Koran, sondern auch in der lokalen Überlieferung Südarabiens und – auf der gegenüberliegenden Seite des Roten Meeres – Äthiopiens reichlich Niederschlag gefunden hat. Hier hat, wie aktuelle archäologische Ausgrabungen ergeben haben, möglicherweise schon im 3. Jahrtausend v. Chr. die lokale Bevölkerung im Wadi Dana, das über ein riesiges Einzugsgebiet verfügt und deswegen nach den Monsunregen reichlich Wasser führt, einen ersten Staudamm errichtet. Die so zurückgehaltenen Wassermengen erlaubten eine intensive landwirtschaftliche Nutzung des Oasenbeckens, lange bevor sich dort das Zentrum des sabäischen Reiches herausbildete. Dessen Begründer ist Karib'il Watar, der – nach Ausweis einer in Sirwah befindlichen ausführlichen Siegesinschrift – kurz nach 700 v. Chr. die benachbarten Herrscher unterwarf und damit Saba seine Vormachtstellung verschaffte. Während dieser Blütezeit entstand im Wadi Dana zwischen zwei flankierenden Höhenzügen der legendäre Staudamm, der mehrfach aufgestockt werden mußte und dessen steinerne Schleusentore heute noch Bewunderung erregen. Sein endgültiger Bruch, der zum wirtschaftlichen Kollaps der Oase führte, war ein Ereignis, das seinerzeit in der gesamten arabischen Welt Entsetzen auslöste und sogar im Koran Niederschlag fand, wo es als Strafe Gottes für die Überheblichkeit der Sabäer erklärt wird.

Auch aktuelle Ausgrabungen konnten bislang keinen Hinweis auf die Existenz der »Königin von Saba« erbringen. Vor allem klafft eine große zeitliche Lücke zwischen König Salomo und der erst Jahrhunderte später erfolgten Gründung des sabäischen Reiches. Dennoch hat sich das Bild, das man bislang von Südarabien hatte, in den letzten Jahren durch die archäologischen Untersuchungen entscheidend gewandelt, seit die Vorgängerbauten des Staudammes aufgedeckt worden sind und damit ein hoher zivilisatorischer Standard ermittelt werden konnte, den man der vorsabäischen Bevölkerung bislang nicht zugetraut hatte.

Zudem ist mit dem Einsatz der Luftbildarchäologie und neuer naturwissenschaftlicher Methoden wie Bodenwiderstandsmessungen, welche die Dokumentation von heute unter der Erdoberfläche liegenden Bauresten ermöglichen, ohne daß dazu ein einziger Spatenstich erfolgen muß, das Wissen über die altsüdarabischen Königreiche und deren Vorläuferkulturen in den letzten Jahren rapide weitergewachsen. Auf diese Weise konnten ausgeklügelte Bewässerungsanlagen mittlerweile auch an den Hauptstädten anderer Weihrauchstaaten – wie beispielsweise in Baraqisch, dem antiken Yathil, für das minäische Reich – ermittelt werden. Und das mutmaßliche Machtzentrum des Reiches von Ausan, Miswar, konnte auf diese Weise mit hoher Wahrscheinlichkeit mit dem Ruinenhügel von Hadschar Yahirr im Wadi Bayhan und Wadi Chaura identifiziert werden, wo sich aus der Luft umfangreiche historische Baureste und verfallene Bewässerungssysteme im Gelände abzeichnen

Vorangegangene Doppelseite:
Das 37 km westlich der Sabäerhauptstadt Marib gelegene Sirwa verfügt über einen gut erhaltenen ausgedehnten Tempel für den Mondgott Almaqah. Die antike sabäische Bausubstanz ist deutlich an den exakt verlegten und sorgfältig geglätteten Steinquadern zu erkennen, während das Mauerwerk späterer Nutzungsphasen aus gröber zurechtgehauenen Bruchsteinen besteht, zwischen denen sich wiederverwendete Reliefblöcke – wie hier Partien eines Frieses mit Steinböcken – befinden.

Die Umfassungsmauer (**oben**) der auf einer Anhöhe gelegenen Ruinenstätte Baraqisch nördlich der asphaltierten Straße von Sana'a nach Marib ist schon von weitem sichtbar und gilt als besterhaltene antike Stadtumwallung des Jemen. Ihre exakte Datierung ist umstritten. Wie eben am Beispiel von Sirwah dargelegt, unterscheidet sich auch hier das alte Mauerwerk, das durchwegs in den unteren Steinlagen noch erhalten ist, durch eine erheblich bessere Steinmetzarbeit von den Ausbesserungen und Erneuerungen der islamischen Periode.

Immerhin hat die Weiternutzung verhindert, daß die Stadtanlage als »Steinbruch« allmählich abgetragen wurde. Die ovale Mauer ist in dichter Folge von Rechtecktürmen bewehrt. An den ursprünglichen Partien der Mauern befinden sich teilweise umfangreiche Votivinschriften von Karawanenführern der Weihrauchstraße, für die der Ort eine wichtige Station am Beginn des Wadi al-Dschauf war. Unter dem antiken Namen Yathil war Baraqisch die erste Hauptstadt des Königreiches der Minäer.

Im Inneren von Baraqisch, das sich als ausgedehntes Ruinenfeld präsentiert, nehmen derzeit italienische Archäologen Ausgrabungen vor. Aus der islamischen Nutzungsphase stammt im Zentrum der Stadt ein kleiner Kuppelbau. Der direkt benachbarte tiefe Brunnen könnte aber bereits in vorislamischer Zeit angelegt worden sein. Auch die glatten monolithischen Steinpfeiler sind Spolien aus der altsüdarabischen Epoche.

Nur wenige Meter vom islamischen Gebäudeensemble entfernt steckten bis zum Beginn der italienischen Ausgrabungen mehrere regelmäßig gesetzte Steinpfeiler noch in ihrer ursprünglichen Aufstellung im Boden. Deutlich sind an ihrer Oberseite die kleinen Vorsprünge zu erkennen, die den heute nicht mehr vorhandenen horizontalen Architravbalken fixierten. Hier befand sich in der Antike ein Portikus, der einem mittlerweile vollständig freigelegten Kultbau, dem Nakrah-Tempel, vorangestellt war.

Das weiter nördlich gelegene Ma'in löste Baraqisch als Hauptstadt des Minäerreiches ab. Obwohl jünger, sind seine antiken Überreste erheblich spärlicher überliefert. Die als Schalenmauerwerk – mit sorgfältig geglätteten Außenseiten und einer Auffüllung mit Bruchsteinen – errichtete Stadtmauer ist nur noch an wenigen Stellen erhalten, läßt an ihren Bruchstellen aber deutlich die Bautechnik erkennen (**oben**). Das am wenigsten zerstörte Tor, wenn auch nur in den untersten Steinlagen überkommen, ist das im Westen (hier nicht zu sehen, da in einer Geländesenke in der Bildmitte), das den zangenartigen Aufbau mit mehreren Torkammern zeigt.

Auf dem Ruinenhügel sind auch einige Tempel freigelegt worden, von denen der besterhaltene (**rechts**) nicht nur noch seine sorgfältig gearbeiteten Einfassungsmauern besitzt, sondern vor allem auch Teile der Dachkonstruktion einschließlich der Architrave und Partien der einstigen Abdeckung.

Sirwah war die erste Residenzstadt der sabäischen Mukarribs (Priesterfürsten), bevor das Machtzentrum rund 37 km weiter nach Osten in die Oase von Marib verlegt wurde. Von der einstigen Bedeutung Sirwahs zeugt noch der beeindruckende, el-Hariba genannte und dem Mondgott Almaqah geweihte Tempel, der einen ansonsten in ähnlicher Weise nur noch beim »Haram Bilqis« in Marib belegten Grundriß und Aufbau besitzt: Eine unregelmäßige, annähernd hufeisenförmige Peribolosmauer faßt einen offenen Hof ein, an dessen gerader Seite sich eine Terrasse anschließt; hinter dieser befinden sich Kulträumlichkeiten, die in späterer Zeit – nach Ausweis einer Inschrift an einem der Pfeiler des Propylons wohl am Ende des 5. Jahrhunderts v. Chr. – angefügt worden sind (vgl. auch S. 134/135).

Die exakt zurechtgehauenen Steinquader der rund 10,5 m hohen gerundeten Peribolosmauer von Sirwah besitzen keine plane Oberfläche, sondern sind gewölbt, so daß sich trotz der Mauerrundung eine völlig glatte Wandfläche ergibt. In ihrem oberen Drittel zieht sich ein Inschriftenband entlang, welches Yada'il-Darih I., den zweiten sabäischen Mukarrib, als Bauherrn des Mondtempels nennt. Der Sakralbau wurde demnach um 700 v. Chr. gegründet, erfuhr jedoch im Lauf seiner Nutzung mehrfach Umbauten und Restaurierungen.

Den oberen Abschluß der Umfassungsmauer bildete einst ein Fries von Steinböcken, der Symboltiere des Mondgottes Almaqah, und ein doppeltes Zahnschnitt-Ornament.

Im Trümmerfeld des Innenhofes des Almaqah-Tempels von Sirwah befinden sich noch einige der monolithischen Steinpfeiler, die einst zu einem wohl von sechs dieser Stützen getragenen Propylon gehörten, in ihrer ursprünglichen Position. Bei der späteren Nutzungsphase wurde der Raum zwischen ihnen mit Bruchsteinen aufgefüllt, um eine durchgehende Mauer zu gewinnen. Manche der im Gelände herumliegenden Quader weisen noch Reliefs – wie hier ein Steinbock-Fries – oder Inschriften auf.

Mehrere Blöcke des Frieses mit dicht nebeneinandergestellten Steinböcken in Vorderansicht, das einst den oberen Abschluß der gerundeten Peribolosmauer bildete, sind bei einer späteren Nutzungsphase des Gebäudes als Ornamentband ins aufgehende Mauerwerk integriert worden. Hier (**oben**) sind die Blöcke auch beim sekundären Gebrauch richtig herum eingebaut worden, denn andernorts hat man fast immer die Quader später kopfstehend wiederverwendet, da man die Tierreihe fälschlicherweise als Abfolge von stehenden Männchen mit erhobenen Armen mißverstanden hat (vgl. S. 161). Auch Inschriftenblöcke sind wegen ihres dekorativen Aussehens vielfach im nachsabäischen Mauerwerk von Sirwah als Spolien wiederverwendet worden (**unten**).

Die Oase Marib, wohin die Sabäer von Sirwah weg ihre Residenz verlegt hatten, verdankt ihre Existenz einer ausgeklügelten Dammanlage, die das Wasser des weitverzweigten Wadi Dana während der Monsunregenfälle speicherte. An beiden Enden des Erddammes, der wegen der Sedimente, die sich im Stausee vor ihm abgelagert hatten, mehrfach erhöht werden mußte, sorgten steinerne Wehre für die Verteilung des Wassers auf die Felder. Die Seitenmauern des Wasserdurchlasses an der Südschleuse wiesen auf der dem antiken Staubecken zugewandte Seite gerundte Außenmauern auf, um dem vorbeifließenden Wasser möglichst wenig Widerstand entgegenzusetzen. Noch heute sind die senkrechten Nute in den Mauern auszumachen, in denen sich die Schleusentore nach oben und unten bewegten (**rechts unten**; ehemaliger Stausee auf der linken Bildhälfte). Die Mauer, an der entlang das durchgelassene Wasser des Staubeckens zu den Verteileranlagen geführt wurde, ist hingegen nicht glatt, sondern sägezahnartig gestaffelt, so daß das Wasser verwirbelt und in seiner Fließgeschwindigkeit abgebremst wird (**rechts oben**). Nach dem Verfall des Dammes fließt heute das Gewässer im Wadi Dana an der »falschen«, nämlich der nördlichen Seite an der imposanten Südschleuse vorbei, deren Quader in den ansteigenden Felsen des Dschebel Balaq al-Ausat verankert sind (**oben**).

Funktion und Aufbau der Nordschleuse am antiken Staudamm von Marib entsprechen denen ihres südlichen Gegenstücks. Auch bei dieser Anlage am Fuß des Dschebel Balaq al-Qibli sind die Mauersegmente sägezahnartig versetzt. Deutlich erkennt man die Bauweise in Schalenmauertechnik. Hierbei sind die beiden Außenwände der Mauer aus sorgfältig gearbeiteten Kalksteinblöcken gefügt, der Raum zwischen ihnen ist mit groben Bruchsteinen aufgefüllt. Zur Festigung der Konstruktion durchstoßen querliegende steinerne »Balken« das Mauerwerk in seiner Breite und halten dadurch die beiden Außenwände zusammen. Diese Stabilisatoren zeichnen sich im ansonsten glatten Mauerwerk als hervorspringende Stellen mit quadratischer Fläche ab.

Durch die Nordschleuse ist der größere Anteil des Wassers für die Felder der Oase von Marib entnommen worden. Von den beiden Durchlaßtoren ist eines mit gröberen Blöcken nachträglich zugemauert worden. Der Estrichbelag, der die Stausee-Seite der Schleuse mit ihren gerundeten Außenmauern wasserundurchlässig machte, ist großflächig abgeplatzt. Die Nordschleuse zeigt auch gut sichtbar die beiden antiken Aufstockungen der Dammkrone mit Lavabrocken und einer abschließenden bitumenartigen Deckschicht (vgl. auch linkes Bild). Von dieser Schleuse aus nahm zunächst ein Kanal seinen Ausgang, der sich noch heute über weite Strecken im Gelände als zugewehte Rinne abzeichnet. An seinem Ende befand sich ein ausgeklügeltes Verteilersystem, von dem aus das kostbare Naß auf die Felder geleitet wurde.

Seit die Oase von Marib von Wissenschaftlern des Deutschen Archäologischen Instituts sorgfältig erkundet wird, konnte nicht nur das aufwendige Bewässerungssystem mit seinen zahlreichen Kanälen und Verteilerstationen auf dem Papier rekonstruiert werden. Geländeuntersuchungen auf den beiden Anhöhen des Dschebel Balaq al-Ausat und des Dschebel Balaq al-Qibli, zwischen denen die Sabäer ihren Sperrdamm eingezogen hatten, erbrachten dort Felsinschriften und Tempelgrundrisse. Aber auch auf dem Oasengrund entdeckten Archäologen – unmittelbar an der heutigen Zufahrtsstraße zu den Resten des antiken und des heutigen Staudammes – in den 80er Jahren des 20. Jahrhunderts die untersten Steinlagen eines Gebäudes mit ungeklärter Funktion, dessen sorgfältige Bauweise jedoch auf eine offizielle Nutzung schließen läßt.

Eines der spektakulärstes Ergebnis der Ausgrabungen in Marib war die Erkenntnis, daß der berühmte Staudamm von Marib nicht der erste seiner Art im Wadi Dana war. Vielmehr gab es unweit flußabwärts Vorläuferbauten, die so tief in den Sedimenten steckten, daß ihre Anfänge bis ins 2., wenn nicht sogar 3. Jahrtausend v. Chr. zurückreichen könnten. Die Aufnahme zeigt die untersten Steinlagen einer der Dammschleusen, bei der bereits die dem Stausee zugewandte Seite gerundet war. Die Initiative zu diesen ersten Wasserwirtschaftsbauten kann nur von den lokalen Bauern ausgegangen sein, die sich zur Realisierung des ehrgeizigen Projekts – aber sicher auch nicht ohne hierarchische Strukturen – zusammentaten, denn diese Frühphase war noch weit entfernt von der Gründung des Sabäerreiches.

Aktuellstes Grabungsprojekt des Deutschen Archäologischen Instituts ist die Freilegung des Bar'an-Tempels in der Südhälfte der Oase von Marib. Bis zum Beginn der Arbeiten ragten nur sechs monolithische Pfeiler aus dem Erdreich, fünf komplett mit ihren charakteristischen gezahnten kubischen Kapitellen und einer als abgebrochener Stumpf. Bei den Einheimischen hieß der Ort nach der legendären Königin von Saba »Thron der Bilqis« (Arsh Bilqis). Die Ausgrabungen ergaben, daß die sechs Pfeiler einst das Dach einer monumentalen, überhöhten Vorhalle in das rechteckige Tempelgebäude trugen, das sich seinerseits auf einer rund 4,5 m hohen Terrasse befand. Zu dieser wiederum führte eine Treppe hinauf, die in einem niedriger gelegenen, ummauerten und allseitig von Pfeilerhallen gesäumten Vorhof mit drei Zugängen ihren Anfang nahm.

Als der Bar'an-Tempel von Marib noch unausgegraben im Sand steckte, lagen dort auch mehrere Altarblöcke, die mittlerweile magaziniert worden sind, umgestürzt im Gelände. Allen Altarsteinen sind die kubische Form, die leicht getreppte Basis, die mit flachen Vor- und Rücksprüngen gegliederten Außenseiten und die oben umlaufende Zahnschnittreihe gemeinsam. Am obersten Rand ist zumeist ein Inschriftenband, das alle vier Seiten einnimmt, eingeschnitten.

Das größte der Heiligtümer in der Oase von Marib, der Awwam-Tempel, der von den Einheimischen als »Mahram Bilqis« bezeichnet wird, ist schon in den 50er Jahren des 20. Jahrhunderts vom amerikanischen Archäologen Wendel Philipps ausgegraben und dokumentiert worden. Mittlerweile hat eine rund 8 m mächtige Sandschicht die tiefergelegenen freigelegten Teile – das eigentliche Tempelgebäude und einen diesem vorangestellten ovalen Hof – wieder unter sich begraben (**oben**). Die heute noch aus dem Sand ragenden dickeren Pfeiler (am rechten Bildrand) trugen einst das Dach der Tempelvorhalle, die kleineren bildeten die Stützen für die Kolonnaden, die den rechteckigen Hof des eigentlichen Tempels allseitig säumten. An das rechteckige Kultgebäude schloß sich ein großer ovaler Hof an, dessen Umfassungsmauer ihrer Verkleidungsblöcke beraubt worden ist. Heute sieht man davon nur noch die regelmäßige hell-dunkle Abfolge der aus schwarzen vulkanischen Gesteinsbrocken bestehenden Füllung des Schalenmauerwerks und der quer durch die Mauer laufenden »Balken« aus hellem Kalkstein, mit denen die beiden Außenwände der (verschwundenen) Umfassungsmauer einst miteinander verbunden waren (**links oben**). Auch mehrere beschriftete Blöcke liegen noch im Gelände (**links unten**).

Am Fuß des heutigen Dorfes, das sich über den einstigen Akropolishügel des antiken Marib zieht, befindet sich die Suleiman-Ibn-Dawud-Moschee, die heute nicht mehr genutzt wird, da eine ihrer Außenwände eingestürzt ist (**oben**). Die in den überdachten Teil der Moschee führende Nordwand des offenen Vorhofs wird von acht monolithischen Pfeilern gebildet, die sich von einem dort vormals befindlichen sabäischen Tempelbau noch in ihrer alten Originalaufstellung erhalten haben. Auch die etwas breitere Lücke zwischen den beiden mittleren Pfeilern, die einst den zentralen Durchgang in das Heiligtum flankierten, läßt sich noch ausmachen. An diesen beiden Mittelstützen sind – durch davor abgebrannten Weihrauch in Mitleidenschaft gezogene – Inschriften eingeschnitten, die von der Umwandlung des sabäischen Tempels in eine Moschee künden. Diesen Texten zufolge hat um 1067 n. Chr. (460 A.H.) Omar Ibn Abdel Aziz al-Maribi Restaurierungen an dem islamischen Sakralbau vorgenommen. Die Moschee soll jedoch der örtlichen Legende nach auf den alttestamentlichen König Salomo, von den Moslems als Prophet Suleiman anerkannt, zurückgehen, als dieser seinerseits die Königin von Saba in ihrer Residenz Marib aufgesucht habe. Im Inneren sieht man, daß das Dach der Gebetsstätte aus Astwerk von zahlreichen antiken Pfeilern getragen wird, die man im Zuge der Wiederverwendung zumeist kopfstehend in den Boden gesteckt hat. Um die unterschiedlichen Höhen der Stützen auszugleichen, wurden gelegentlich auch zwei der polygonalen Monolithe zu einer neuen Säule zusammengefügt (**rechts**).

Das antike Marib, die Hauptstadt des Sabäerreiches, bedeckte eine weitaus größere Fläche als sie vom heutigen Dorf eingenommen wird, das sich auf den einstigen Akropolishügel beschränkt (**oben** im Bildhintergrund). Von der Stadtmauer, deren Verlauf sich vor allem auf Luftaufnahmen deutlich im Gelände abzeichnet, sind auch am Boden an einigen Stellen noch die untersten Steinlagen der rechteckigen Türme, mit denen die Stadtmauer in dichter Folge bewehrt war, gut zu erkennen.

Ob bei der schiffsrumpfgestaltigen Formgebung der Umfassungsmauer dieses turmförmigen Wohnhauses im heutigen Marib eines der Schleusentore des antiken Dammes Pate gestanden hat, mag dahingestellt bleiben (**rechts**).

Nach Luftangriffen während des Bürgerkrieges in den 60er Jahren des 20. Jahrhunderts und nach Erdbebenschäden stehen im heutigen Dorf von Marib viele der steinernen Häuser leer und sind dem allmählichen Verfall preisgegeben. Dennoch ist die Silhouette der Ansiedlung mit ihren turmgestaltigen Wohnhäusern immer noch beeindruckend. Die wenigen vor Ort verbliebenen Familien nutzen das Areal, auf dem sich einst die Sabäerhauptstadt erstreckte, heute als Ackerland.

In den Häusern des heutigen Marib sind zahlreiche Inschriftenblöcke verbaut worden **(oben)**, von denen einige erst in allerjüngster Zeit aus den Hausruinen herausgebrochen und entwendet worden sind. Zu den heute nicht mehr an Ort und Stelle befindlichen Spolien gehört ein Quader mit einem Fries von Steinböcken **(unten)**, dem Emblemtier des Mondgottes Almaqah, der bei der sekundären Verwendung kopfstehend eingesetzt worden war (vgl. S. 145). Einst bildete der Tierfries den obersten Abschluß eines offiziellen Gebäudes, eventuell des Tempels, von dem noch einige in situ befindliche monolithe Steinpfeiler in die Gebäudefassade der Suleiman-Ibn-Dawud-Moschee integriert sind.

Östlich von Muqairas, welches wiederum 18 km südöstlich von Al-Beidha liegt, verteilen sich über einen Berghang in mehreren Terrassen, die durch Treppen miteinander verbunden sind, die Überreste einer heute Am-Adiya genannten antiken Stadtruine. Zwischen mehreren großen Zisternenbecken finden sich immer wieder Gebäudereste, bei denen zwar nur die untersten Steinlagen erhaltengeblieben sind, deren sorgfältig bearbeitete Quader aber auf eine offizielle Funktion schließen lassen (**oben**).

Wenige Kilometer von Am-Adiya entfernt erstreckt sich ein Gelände, das mit dunklen vulkanischen Felsbrocken übersät ist, auf die in vielen Fällen kurze Inschriften eingekratzt sind (**rechts unten**). Einer der umfangreichen altsüdarabischen Texte ist auf einer Felswand unweit des Dorfes Hassi, rund 25 km östlich von Al-Beidha, angebracht worden (**rechts oben**).

Die Küstenregion

Der unterschiedlich breite, von Norden nach Süden verlaufende Küstenstreifen zwischen dem Roten Meer und dem östlich davon aufsteigenden jemenitischen Bergland wird als Tihama bezeichnet. Er setzt sich jenseits des Bab el-Mandeb auch noch in west-östliche Richtung an der Küste des Indischen Ozeans fort, wo allerdings die dahinter liegenden Höhenzüge teils bis ans Meeresufer vorstoßen.
Bei der noch zu Lebzeiten des Propheten Mohammed erfolgten Islamisierung Arabiens drang im Süden der Halbinsel der neue Glaube am schnellsten in der Küstenebene vor und konsolidierte sich dort auch am dauerhaftesten. So wurde diese Region von der sunnitischen Hauptrichtung des Islam geprägt, während sich im östlich anschließenden Bergland – anfänglich mit dem Zentrum in Sa'ada – unter den dortigen Imamen die schiitische Lehre allmählich durchsetzte.
In der Tihama gründete 819 n. Chr. Mohammed Ibn Ziyad die Stadt Zabid, in der er auch eine islamische Universität einrichtete, die sich bald zu einem überregional bedeutenden theologischen und wissenschaftlichen Zentrum entwickelte. Er war der erste Repräsentant der ab 821 n. Chr. für rund 200 Jahre über weite Teile des Jemen herrschenden Ziyaden-Dynastie und war in dieser Funktion der Stammvater des frühesten eigenständig jemenitischen Staatsgebildes, das sich während der islamischen Periode herausbilden konnte. Zwar unterstand er formell den in Baghdad residierenden Abbassidenkalifen, deren religiöse Autorität als legitime Nachfolger des Propheten Mohammed er nicht antasten konnte und wollte, doch realpolitisch erfreute er sich großer Unabhängigkeit von der weit entfernten Zentralmacht. Auch nach dem Ende seiner Ziyaden-Dynastie konnten sich die Bewohner der Tihama für ein halbes Jahrtausend ihre Unabhängigkeit von den Imamen des Bergjemen bewahren. Erst als Ahmed at-Tahir als letzter sunnitischer Machthaber von den expandierenden Mamelucken, die als Repräsentanten des islamischen Großreichs in Kairo residierten, gestürzt worden war und die Ägypter einige der Küstenstädte besetzten, geriet die Tihama unter fremde Herrschaft. Dieser Zustand setzte sich mit der Okkupation durch die Osmanen fort, deren Heerführer Soliman Pascha mit einer Streitmacht im Jahre 1583 in Al-Moccha anlandete. Aden hatten die Türken bereits 1538 eingenommen.
Al-Moccha, dem die Kaffezubereitung »Mokka« ihren Namen verdankt, entwickelte sich ab dem 17. Jahrhundert zu einem bedeutenden Umschlagplatz für den Kaffee, der auf den Terrassen des bergigen Hinterlandes kultiviert wurde, nachdem Ali Schadli Ibn Omar im 15. Jahrhundert den Anbau dieser aus dem äthiopischen Bergland stammenden Sträucher im Jemen eingeführt hatte. Bald setzte sich dieses Getränk auch in Europa durch, und dem expandierenden Kaffeehandel verdankt beispielsweise auch die Stadt Beit el-Fakih als Umschlagplatz ihre Gründung und Existenz.
So wie am Roten Meer Moccha längst durch Hodeidah als wichtigste Hafenstadt abgelöst wurde, hat auch am Indischen Ozean Aden – einstmals wichtige Zwischenstation der »Britischen Ostindien-Gesellschaft« und nach der Besetzung 1839 britische Kronkolonie – Mukalla in seiner Bedeutung als Warenumschlagplatz zurückgedrängt, ganz zu schweigen davon, daß an der an Naturhäfen armen Südküste Arabiens der zur Zeit der altsüdarabischen Königreiche für den Weihrauchhandel wichtige Hafen von Qana zum kleinen Fischerdorf Bir Ali herabgesunken ist.

Vorangegangene Doppelseite:
Bis zur Wiedervereinigung stellte Mukalla, das keinerlei antike Vorläufersiedlungen besessen hat, die nach Aden bedeutendste Hafenstadt des Südjemen dar. Hier befand sich während der britischen Kolonialzeit der Regierungssitz einer mit England durch Abkommen verbundenen, in der Mitte des 17. Jahrhunderts von Ahmed al-Qasidi begründeten Sultansdynastie. Deren direkt am Indischen Ozean gelegene Palast beherbergt heute ein Lokalmuseum.

Aden besitzt, da es während der diversen Bürgerkriege bis in die Gegenwart hinein immer wieder stark in Mitleidenschaft gezogen worden ist, kaum mehr Gebäude älteren Datums. Selbst die während der englischen Kolonialzeit wegen ihres feuchtwarmen Klimas berühmt-berüchtigte Altstadt, die sich inmitten des Kratergrundes eines erloschenen Vulkans ausdehnt, ist ihrer traditionellen weißgekalkten Steinhäuser mit den formschönen hölzernen Erkern fast vollständig beraubt. Zu den wenigen traditionsreichen Bauwerken zählt die Sayed-Abdullah-al-Aidrus-Moschee. **(oben und rechts)** Der namensgebende islamische Schriftgelehrte, der hier auch beigesetzt ist, soll der Überlieferung zwar schon um 1500 v. Chr. von Tarim im Wadi Hadramaut nach Aden an die Küste gekommen sein, doch stammt die Moschee in ihrer heutigen Gestalt erst aus der Mitte des 19. Jahrhunderts und kann in ihrer Dekoration indische Einflüsse, die durch die englischen Kolonialherren vermittelt worden sind, nicht verleugnen.

Aden war, bevor es von den Sabäern erobert wurde, die wichtigste Hafenstadt des Reiches von Ausan. Die Stadt erscheint unter dem Namen Eudaemon Arabia in antiken Quellen wie dem »Periplus Maris Erythraei«, einem Seefahrerhandbuch des 1. Jahrhunderts n. Chr. Heute verfügt Aden über keine antiken Überreste mehr. Es sei denn, die Anlage der »Tanks«, jener berühmten Kette von Zisternen, die sich an einem steilen Hangabschnitt des Vulkankraters hinabziehen (**rechts**), sind bereits in vorislamischer Zeit angelegt worden. Man hat jedoch erstaunlicherweise bislang keinerlei altsüdarabische Gründungs- oder Restaurierungsinschriften gefunden. Jahrhundertelang stellten diese untereinander durch kurze Kanäle (**oben**) miteinander verbundenen Regenspeicherbecken die einzige Wasserversorgungsmöglichkeit für die Stadt dar.

Auf einer Landzunge, die sich südwestlich von Mukalla in den Indischen Ozean hineinschiebt, erhebt sich ein allseitig steil abfallender Vulkankegel. Auf dessen Gipfelplateau, das an seinen Rändern sattelartig ansteigt, erstreckt sich eine aus dunklen lokalen Steinquadern errichtete Burganlage, die heute Husn al-Ghurab, »Krähenfestung«, genannt wird (**oben und rechts**). Eine himyaritische Inschrift, die man beim Aufstieg passiert, gibt Urr Mawiyat als antiken Namen an. Diese Wehranlage bot einer Siedlung am Fuß des Bergkegels Schutz, bei der es sich um die wichtigste Hafenstadt des Reichs von Hadramaut handelte. Von oben zeichnen sich die Hausgrundrisse, von denen einige seit den 70er Jahren des 20. Jahrhunderts von russischen und jemenitischen Archäologen auch freigelegt worden sind, deutlich als dunkle Konturen im hellen Sand des Küstenstreifens ab.

Folgende Doppelseite:
Nordöstlich der Hafenstadt Mukalla liegt die Ortschaft Ghail Ba-Wazir (**links**). Mit dem Begriff Ghail wird eine Karstquelle bezeichnet; die für diesen Ort namengebende Quelle, die warmes Wasser liefert, befindet sich einige Kilometer außerhalb der Ansiedlung. Am Ortsrand ließen sich die lokalen Sultane eine kleine Sommerresidenz errichten, die heute als bescheidene Unterkunft für Touristen dient, die sich auf dem Weg ins Wadi Hadramaut über das Hochplateau des Dschol befinden. Im Teich des Vorgartens spiegelt sich die Hausfassade. Die Bebauung von Mukalla, der heutigen Hauptstadt der Provinz Hadramaut, nimmt eine Bucht am Indischen Ozean ein, die gegen das Hinterland durch einen Höhenzug, den bis zu 400 m aufsteigenden Al-Ghar al-achmar, abgeschirmt ist (**rechts**). Wenn auch dadurch der Expansion des Stadtgebiets natürliche Grenzen gesetzt sind, so bietet der umgebende Bergrand auch allseitigen Schutz. Der schmale Paß, der den Zugang in die Hafenbucht Mukallas gewährte, war durch zwei gegenüberliegende Wach- und Zollstationen gesichert, von denen eine, Al-Ghuezi genannt, markant auf einem Felssporn thront. Von ihrem Gegenstück hingegen sind nur noch spärliche Reste vorhanden.

Der alte Hafen von Mukalla ist längst zu klein für die modernen Erfordernisse geworden und vom wenige Kilometer südlich gelegenen neuen Hafen von Al-Chalf abgelöst worden. Im alten Hafenbecken schaukeln nur noch einige Fischerboote, deren Fang frisch am Ufer verkauft wird. Die Strandzone von Mukalla ist vor wenigen Jahren aufgeschüttet worden, um einer Durchgangsstraße Platz zu schaffen: Der Panoramablick auf die dicht gestaffelten Wohnhäuser von der Seeseite her hat dadurch an Reiz eingebüßt.

Das westliche Ende des Hafenbeckens und der Altstadt von Mukalla wird markiert vom Sultanspalast. Er fungierte als Residenz der Regenten der Qaiti-Familie, die 1888 ihre Unabhängigkeit von der bis dahin dominierenden Qathiri-Dynastie aus Sayun im Wadi Hadramaut erlangen konnten und diese bis zur südjemenitischen Revolution 1967 innehatten. Errichtet wurde das Gebäude, das heute das Lokalmuseum mit einer archäologischen und zeitgeschichtlichen Abteilung beherbergt, 1929 unter Sultan Omar im indischen Stil, da die südarabische Familie der Qaiti zuvor im indischen Haiderabad zu ihrem Vermögen gekommen war. Den weiß getünchten, mit vier Ecktürmen versehenen, dreigeschossigen Palast umläuft in Höhe der 1. Etage eine Galerie. Durch die Spitzbögen der Arkaden auf der östlichen Schmalseite bietet sich ein reizvoller Blick auf die Uferpromenade.

Der mit einer steppenartigen Vegetation und sogar Sanddünen versehene, zwischen 30 und 50 km breite Geländestreifen zwischen der Küste des Roten Meeres und dem nordjemenitischen Bergland wird Tihama genannt und weist nahezu tropisches Klima auf. In der Antike erstreckten sich hier noch Sümpfe, die wegen der Infektionsgefahr mit Malaria und anderen Tropenkrankheiten gemieden wurden. In prähistorischer Zeit müssen die Lebensumstände jedoch wieder freundlicher gewesen sein, denn 27 km von Mafraq entfernt befindet sich an einem heute Al-Hadschar al-Ghaima genannten, von vereinzelten Bergrücken durchsetzten Platz im Vorfeld des jemenitischen Berglandes eine rätselhafte Steinsetzung, deren genauere Datierung und Funktion noch ungeklärt ist.

Bei den steinernen Pfeilern, die in Al-Hadschar al-Ghaima in den Boden gesteckt worden sind, handelt es sich um monolithische Trachyt-Prismen, die an den Hängen der benachbarten Berge als riesige senkrecht stehende Felsnadeln auskristallisiert sind und sich relativ leicht voneinander trennen und herausbrechen lassen. Die meisten der Steine sind in geraden Reihen aufgestellt, die auf einen zentralen Punkt zulaufenen, und werden zunehmend kleiner. Die Ausrichtung der Steinreihen erfolgte höchstwahrscheinlich nach astronomischen Gesichtspunkten, doch solange das Alter dieser Anlage nicht geklärt ist, kann auch nicht rückberechnet werden, welche stellaren Konstellationen der Aufstellung zugrunde liegen.

Die nächste größere Stadt in der Tihama südlich von Hodeidah ist Beit el-Fakih, die wohl erst im frühen 18. Jahrhundert n. Chr. als Ansiedlung von Kaffeehändlern entstand. Der dänische Orient-Reisende Carsten Niebuhr (1733-1815) gibt aus dieser Zeit eine lebendige Schilderung des dortigen Kaffemarktes, auf dem sich Kaufleute aus aller Herren Länder trafen. Der Ort verdankt seinen Namen, der wörtlich übersetzt »Haus des Schriftgelehrten« bedeutet, dem Scheich Ahmed Ibn Musa, der hier als religiöser Lehrer wirkte. Während der türkischen Fremdherrschaft errichteten die osmanischen Statthalter im Stadtkern eine deswegen »Husn (= Burg) Osman« genannte Festung, die heute als imposante Bauruine auf einem flachen Hügel den Ort überragt.

Nachfolgende Doppelseite:
Der Periplus Maris Erythraei, eine Schiffsroutenbeschreibung aus dem 1. Jahrhundert n. Chr., nennt am Roten Meer die noch immer nicht eindeutig lokalisierte Ortschaft Mauza als bedeutende Hafenstadt. Die antike Bezeichnung könnte nachwirken im Namen des kleinen Dorfes Al-Musche nördlich von Al-Moccha, wo sich unmittelbar am Meer heute eine kleine Moschee befindet. Ihr Eingang befindet sich eigenartigerweise im Norden, also an der nach Mekka weisenden Kibla-Wand, was darauf hinweist, daß das Gebäude ursprünglich eine andere Funktion ausübte. Möglicherweise war es ursprünglich die Synagoge hier ansässiger jüdischer Kaufleute. Die niedrige Umfassungsmauer der Gebetsstätte wird durchbrochen vom heute versiegten Waschbrunnen (**links oben und unten**).
Hodeidah, heute die größte Hafenstadt des Jemen am Roten Meer, stand lange Zeit im Schatten des von der Natur begünstigten Hafens von Al-Mocha. Erst mit der türkischen Invasion von 1849 wendete sich das Blatt: Die Osmanen wählten Hodeidah zum Hauptseestützpunkt in der Tihama und bauten den Hafen – wohl als Gegengewicht zu Aden, das unter britischer Kontrolle stand – systematisch aus. Einige wenige Häuser Hodeidahs zeigen noch die traditionellen Dekorationen, die durch Stuckschneiderei (**rechts unten**) und durch Verlegen der weiß übertünchten Ziegel zu geometrischen Ornamenten (**rechts oben**) gewonnen wurden.

Der Hafenstadt Al-Mocha am Roten Meer verdankt der »Mokka« seinen Namen. Allerdings wurden hier die Kaffebohnen nur auf die Schiffe verladen; der Anbau der empfindlichen Kaffeesträucher war nur auf den ausgedehnten Kulturterrassen des bergigen Hinterlandes der Tihama in Höhenlagen zwischen 1000 und 2000 m möglich, wo das Klima milder war. Der Legende nach soll in der Mitte des 15. Jahrhunderts n. Chr. der Scheich Ali Schadli Ibn Omar den Kaffee aus Äthiopien von der gegenüberliegenden Seite des Roten Meeres in den Jemen gebracht haben. Die Blütezeit der Stadt setzte im 17. Jahrhundert ein, als niederländische und englische Kaufleute, denen später noch Franzosen folgten, hier Faktoreien zum Zweck des Kaffeehandels einrichteten. Als Großbritannien im Zuge seiner kolonialen Expansion im frühen 19. Jahrhundert einen Flottenstützpunkt auf der Seeroute nach Indien suchte und deswegen 1839 Aden besetzte und als Hafenstadt ausbaute, verlor Mocha schnell an Bedeutung. Heute erinnern nur noch wenige verfallene Handelshäuser, deren reichgeschnitzte Holzerker und gegliederte Fassaden noch etwas vom ursprünglichen Glanz erahnen lassen, an den vergangenen Reichtum (**oben**). Am Ortsrand der verfallenen Altstadt erhebt sich der Stumpf eines alten Leuchtturms, der ehemals ebenso reich ornamentiert war wie die Hausfassaden (**rechts**). Die radial aus dem Mauerwerk herausragenden Bauhölzer trugen einst den Boden einer umlaufenden Galerie. Dahinter, auf dieser Aufnahme vom Turm verdeckt, befindet sich die Grabmoschee des Ali Schadli Ibn Omar.

In einiger Entfernung von der Küste des Roten Meeres liegt in der Tihama die Stadt Zabid. Sie soll im Jahre 819 n. Chr. durch den islamischen Schriftgelehrten Mohammed Ibn Ziyad gegründet worden sein, der auch der Stammvater der ersten lokalen Herrscherfamilie, der Ziyadendynastie, gewesen ist. Schon nach kurzer Zeit konnte er weite Teile des Jemen unter seine Kontrolle bringen und sich eine weitgehende Unabhängigkeit von den in Baghdad ansäsigen Abbassiden wahren. Später geriet die Tihama und damit auch Zabid wieder unter die Kontrolle fremder Invasoren, zunächst der in Kairo beheimateten Mamelucken, dann der türkischen Osmanen. Vor allem unter den letztgenannten Regenten entstand in der Mitte des 19. Jahrhunderts die eindrucksvolle Stadtmauer, die sich über weite Abschnitten noch erhalten hat und in regelmäßigen Abständen von wuchtigen Toren aus gebrannten Ziegeln unterbrochen wird.

Von allen Städten in der Tihama weist sicher Zabid heute noch die größte Anzahl an traditionellen Wohnhäusern auf. Sie sind aus gebrannten Lehmziegeln erbaut, die so verlegt wurden, daß die aus dem aufgehenden Mauerwerk vorkragenden Bausteine abwechslungsreiche geometrische Muster bilden, die anschließend noch mit einem dünnen Überzug aus einer weißen Stuck- und Verputzmasse überzogen wurden, so daß die Ziegelstrukturen sichtbar bleiben. Die Fensteröffnungen sind zumeist mit Spitzbogen versehen. Da sich im Bergland, das die Tihama nach Osten hin begrenzt, die Wolken abregnen, erfahren auch die Orte in der Küstenebene davor gelegentlich schwere Niederschläge. Deswegen sind die flach gedeckten Häuser auch mit Wasserabläufen ausgestattet, deren Rohre aus den Hausfassaden ragen.

Außerhalb der Stadtumwallung, heute auch noch durch die von Hodeidah nach Taizz führende Hauptdurchgangsstraße vom Stadtkern von Zabid getrennt, liegt eine Moschee, die mit ihrer gedrungenen Bauweise und ihrer Umfassungsmauer einen festungsartigen Eindruck vermittelt. Sie trägt den Namen des Mustafa Pascha, des ersten osmanischen Statthalters, nachdem die Tihama 1539 durch den türkischen Feldherrn Soliman Pascha erobert worden war. Während die Osmanen das jemenitische Bergland nur zeitweilig kontrollieren konnten, blieb die Tihama bis 1635 Teil des türkischen Großreichs, bevor auch sie wieder die Unabhängigkeit erlangte. Erst Mohammed Ali, dem ägyptischen Statthalter der Osmanen, gelang 1819 die Rückeroberung des Jemen.

Unter der im Jahr 819 n. Chr. von Ibn Ziyad begründeten und bis 1012 regierenden Dynastie der Ziyaden entwickelte sich deren Residenzstadt Zabid auch zu einem religiösen Zentrum des Islam, vornehmlich der – nach ihrem Begründer asch-Schafi'i (767-820 n. Chr.) benannten – schafiitischen Rechtsschule innerhalb der sunnitischen Glaubensrichtung. An der seinerzeit berühmten islamischen Universität Zabids studierten einst Schriftgelehrte aus allen moslemischen Ländern. Noch heute sind im historischen Altstadtkern Zabids rund achtzig Koranschulen mit angegliederten Moscheen verstreut, die teils noch über umfangreiche religiöse Bibliotheken verfügen. Bedeutendste Gebetsstätte ist die im 15. Jahrhundert n. Chr. entstandene Al-Ascha'ir-Moschee, die »Große Moschee«, deren Fußboden heute rund einen Meter unter dem zwischenzeitlich angewachsenen Begehungsniveau des Ortes liegt. Der kleine zentrale Innenhof wird allseitig umstellt von Arkadenbögen zwischen aufgemauerten wuchtigen Pfeilern, die ein Holzdach mit bunt bemalten Kassettendecken tragen. Besonders filigran sind die aus dem Stuck der Wände herausgeschnittenen Ornamente und Inschriftenbänder mit Koran-Suren.

Wadi Hadramaut

Das Wadi Hadramaut, ein in rund 160 km Entfernung von der Küstenlinie des Indischen Ozeans in das Hochplateau des Dschol eingetieftes, von West nach Ost verlaufendes Trockental, gilt nach dem jordanischen Wadi Rum als größtes Wadi der Arabischen Halbinsel. Zur Zeit der altsüdarabischen Königreiche bildete das Wadi Hadramaut mit seinen weitläufigen Seitentälern das Stammland eines Staates, der zunächst vom Transit der Weihrauchkarawanen lebte, sich dann jedoch mit einer aktiven Expansionspolitik der Vorkommen dieses wertvollen Aromastoffes im heutigen Südoman bemächtigte. Doch auch vor der Konsolidierung dieser Handelsmacht war das Tal besiedelt. Davon zeugen neben den sogenannten »Kriegerstelen« auch prähistorische Fundplätze, zu denen die ominösen Gräber von Bur gehören. Sie beherbergen trotz der Ausmaße ihrer flachen langgestreckten oberirdischen Abdeckung von mehreren Metern Länge immer nur eine einzige Beisetzung.
Nachdem noch zu Lebzeiten Mohammeds der Islam ans südliche Ende der Arabischen Halbinsel gekommen war, konnte sich die neue Religion anfänglich noch nicht durchsetzen. Bald vermengte die Bevölkerung an der Peripherie des jungen islamischen Großreichs den Glauben an Allah mit traditionellen religiösen Inhalten oder fiel sogar wieder gänzlich in ihre früheren Glaubensvorstellungen zurück. Im Wadi Hadramaut war es Ahmed Ibn Isa al-Muhayir, »der Einwanderer«, welcher, der Familie Mohammeds entstammend, rund 200 Jahre nach der ersten Islamisierung aus Basra hierher gelangte und die Einheimischen zur reinen Lehre des Islam zurückführte, nachdem er zuvor die gewaltsamen Auseinandersetzungen innerhalb der rivalisierenden Stämme mit der Kraft des religiösen Wortes hatte beenden können. Sein Wirken hatte nachhaltigen Einfluß, denn noch heute gilt die Bevölkerung des Wadi Hadramaut als besonders strenggläubig. Dies schlägt sich in der Existenz zahlreicher Heiligengräber (Marabuts) nieder, die sich teils zu überregional bedeutsamen Pilgerzentren entwickelt haben. Dazu gehören neben der Grabanlage des Ahmed Ibn Isa unweit östlich der heutigen Provinzhauptstadt Sayun und dem eindrucksvollen Kuppelfriedhof von Aynat rund 20 km östlich von Tarim auch noch der Bestattungsplatz von Mesched Ali westlich von Sayun nahe der antiken Ruinen von Raybun. Besonders interessant ist Qabr Hud mit der Grabmoschee des Nabi Allah Hud am östlichen Ende des eigentlichen Wadi Hadramaut, das sich etwa ab dort als Wadi Masilah in Richtung des Indischen Ozeans entwässert, den es bei der Küstenstadt Sayhut erreicht. Qabr Hud ist ein ausgestorbener Ort, der sich jedoch alljährlich am Jubiläumstag des Heiligen schlagartig mit Tausenden von Pilgern füllt, die hierfür teils von weit her anreisen. Der Legende nach soll Nabi Allah Hud bereits vor Mohammed für den Glauben an einen einzigen Gott eingetreten und, als er dafür von den Einheimischen bedroht und verfolgt wurde, von Gott auf wundersame Weise durch einen sich plötzlich auftuenden Felsspalt gerettet worden sein.
Historisch wahrscheinlicher ist hingegen die Überlieferung, wonach in islamischer Zeit das Wadi Hadramaut durch Zuwanderer aus der Region um Sana'a, die dem Stammesverband der Hamdan angehörten, besetzt worden ist. Die angeblich rund 10 000 Köpfe umfassende Siedlergruppe unter der Führung des Emirs Badr Ibn Tawariq Qathiri konnte sich in mehreren Kämpfen mit der lokalen Bevölkerung durchsetzen und begründete die Herrschaft der Qathiri-Dynastie, die sich bis zum Ende des Sultanats als Folge der südjemenitischen Revolution in Sayun an der Macht halten konnte.

Vorangegangene Doppelseite:
Obwohl der Islam als streng monotheistische Religion eigentlich keine Heiligen im christlichen Sinn kennt, übernahmen dennoch vielfach besonders fromme Moslems Vorbild-Charakter für die einfache Bevölkerung und avancierten sogar zu Fürsprechern für deren Probleme, wie das Ausbleiben von Kindersegen oder ähnliche Anliegen. Diese Gelehrten, Marabu(t)s genannt, erhielten nach ihrem Ableben vielfach besonders prunkvolle Grabbauten, die ebenfalls Marabu(t)s heißen. Zu ihnen kamen die Fürbitter, vor allem dann, wenn der hier Beigesetzte als wundertätig galt. Zudem war man bestrebt, sich ebenfalls im Wirkungskreis solch frommer Männer beerdigen zu lassen, so daß diese Grabbauten rasch den Mittelpunkt eines Friedhofs bildeten. Einer der schönsten Marabuts des Wadi Hadramaut, umgeben von zahllosen anderen Grablegen, befindet sich in Al-Ghurfa.

Auf einem steil abfallenden Höhenzug im Westen des Wadi Hadramaut erstreckt sich die Ortschaft Hadschreen. Ihre mehrstöckigen Wohnhäuser stehen am Felsabbruch so dicht beieinander, daß das Gebäudeensemble den Eindruck einer Festung vermittelt (**links**). Die Ballustraden der Flachdächer sind gelegentlich durch einen weißen Anstrich von der übrigen graubraunen Hausfassade abgesetzt. Die die vielfach gestaffelten Türstürze über den Hauseingängen weisen üppiges Schnitzwerk auf (**oben**).

Die bekannteste Ortschaft im Wadi Hadramaut ist Schibam, das, wie Sana'a, wegen seiner einmaligen Bausubstanz in die UNESCO-Liste des Weltkulturerbes der Menschheit aufgenommen wurde. Die rund 500 acht und mehr Stockwerke besitzenden, manchmal bis 30 m hohen Wohnhäuser, die sich dicht in der ummauerten Stadt von rund 400 x 500 m Grundfläche drängen, bestehen aus ungebranntem Stampflehm und müssen deswegen permanent aufwendig unterhalten werden. Da sich immer weniger Leute bereitfinden, sich diesen Mühen zu unterziehen, droht der Stadt die allmähliche Entvölkerung. Die Aufnahme zeigt im Bildhintergrund den steilen Geländeabfall vom Schotterplateau des Dschol hinab ins palmenbewachsene breite Wadi, inmitten dessen sich Schibam ausbreitet.

Beim Gang durch die engen Gassen zwischen den steilen Häuserschluchten Schibams fallen die abwechslungsreich verzierten hölzernen Türen auf. Fast alle Eingänge besitzen noch den traditionellen Schlüsselkasten, eine kleine rechteckige Aussparung in der Hauswand neben der Tür. Sein ornamentiertes Holzgitter kann herausgezogen werden, so daß sich durch Einführen eines hölzernen Schlüssels mit unregelmäßig angebrachten kleinen Holzzäpfchen als Zähnung von innen her der Verschlußriegel der Tür beiseite schieben läßt. Der Riegel läßt sich nur dann bewegen, wenn in seine Lochung die Zäpfchen des genau korrespondierenden Schlüssels eingreifen können.

Wenige Kilometer östlich von Sayun schmiegt sich an die steil ansteigende Südflanke des Wadi Hadramaut eine strahlend weiß gekalkte Moschee, zu der ein gut ausgebauter Treppenweg hinaufführt. Es ist die Grabmoschee des aus der Familie des Propheten stammenden Ahmed Ibn Isa al-Muhayir, des »Einwanderers«. Er kam im 9. Jahrhundert n. Chr. aus Basra am Persischen Golf hierher und einigte die zerstrittenen lokalen Stämme nicht nur, sondern vermittelte ihnen auch erneut den orthodoxen islamischen Glauben (**oben**).

Bei der Weiterfahrt in Richtung Tarim passiert man wenige Kilometer danach unmittelbar neben der Straße ein kleines, ebenfalls weiß gekalktes Brunnenhaus, das jedermann zur Benutzung offensteht. Solche Wasserspender sind vielfach private Stiftungen, mit denen vermögende Moslems ein gutes Werk für die Allgemeinheit tun wollten (**rechts**).

In der Antike existierte im Wadi Hadramaut eine Ansiedlung, deren Name mit der Konsonantenfolge ALMD geschrieben wurde. Sie ist vom heutigen Ort Tarim so gründlich überbaut, daß keine alten Überreste mehr vorhanden sind. Im 19. Jahrhundert pflegten die Bewohner Tarims enge kulturelle und vor allem wirtschaftliche Kontakte nach Indonesien, insbesondere zur Insel Java, die ihnen beachtlichen Reichtum einbrachten. So errichteten sich zu jener Zeit begüterte hadramautische Kaufleute prachtvolle palastartige Handelshäuser, die bezüglich ihres Baustils und ihrer Ornamentik einen Einfluß Südostasiens nicht verhehlen können.

Vor allem die Familie der Al-Qaf konnte vom Indonesien-Handel profitieren. Mit der sozialistischen Machtergreifung im Jahre 1967 mußten sie ihre zahlreichen Prunkhäuser in Tarim an den Staat abtreten. Da Unterhaltsmaßnahmen unterblieben, verfielen die Bauten bald. Zwar erhielt die weitverzweigte Lokaldynastie, deren Mitglieder nach der Enteignung zumeist in den Oman und nach Saudi-Arabien emigriert waren, nach der Wiedervereinigung von Nord- und Südjemen ihre Güter wieder zurück, doch bewohnen die Al-Qafs heute nur noch einen der insgesamt sieben bis in die Gegenwart erhalten gebliebenen Handelspaläste selbst. Die übrigen stehen leer oder werden noch immer von denjenigen mittellosen Bürgern der Stadt bewohnt, denen die Gebäude in der sozialistischen Ära als Unterkünfte zugewiesen worden waren. Der um 1900 von As-Saiyed Omar Bin Scheich Al-Qaf in Auftrag gegebene und durch die Baumeister Suleiman Afif und Omar Ya'amar geschaffene Isch-Schaa-al-Qaf-Palast (**oben und links**), dessen bunte Glasfenster vom europäischen Jugendstil beeinflußt sind, wird zur Zeit umfassend restauriert und soll künftig ein Dokumentationszentrum zur jemenitischen Lehmziegelarchitektur beherbergen.

Seit dem 17. Jahrhundert n. Chr. entwickelte sich Tarim zu einem bedeutenden islamischen Zentrum, was sich im Bau von über 300 Moscheen und Koranschulen niederschlug. Berühmt ist die umfangreiche Bibliothek der Stadt mit zahlreichen alten arabischen Handschriften in einem Seitengebäude der Al-Ahgaf-Moschee. Das größte Gebetshaus des Ortes ist die Al-Midhar-Moschee mit ihrem reichlich 50 m hohen, aus Lehmziegeln errichteten Minarett, zu dem rund 150 Stufen hinaufführen (**links**).

Hauptstadt des Hadramaut ist heute Sayun. Der Legende nach soll sich der Ort in vorislamischer Zeit um das heute nicht mehr lokalisierbare Schloß einer gleichnamigen Prinzessin herum gebildet haben. Im Jahr 1494 n. Chr. soll der aus Sana'a stammende Emir Badr Ibn Tawariq Qathiri mit rund 10 000 Soldaten das Wadi Hadramaut besetzt und sich dort dauerhaft niedergelassen haben. Seine Familie, die Qathiris, stellten bis zur Abschaffung des Sultanats in den 70er Jahren des 20. Jahrhunderts die Herrscherdynastie. Ihr Amtssitz befand sich in einem Palast, der sich im Zentrum von Sayun auf einer kleinen Anhöhe befindet und die Altstadt malerisch überragt. Das heute mit vier Rundtürmen versehene, sechsgeschossige Gebäude mit seinen 41 großen und 55 kleinen Zimmern sowie 14 Speicherräumen und 20 Terrassenhöfen, das eine Grundfläche von 5460 qm bedeckt, verdankt sein aktuelles Aussehen Sultan Ali Ben Mansur, unter dem es 1936 umfassend ausgebaut wurde. Der Palast beherbergt heute das Lokalmuseum (**oben**).

Sana'a und Taizz, die beiden größten Städte des vormaligen Nordjemen – letztere wurde mit der Wiedervereinigung durch Aden übertroffen – sind heute durch eine 256 km lange Straße verbunden, die als erste im Land asphaltiert wurde. Zuvor existierte hier, etwas von der heutigen Wegführung abweichend, eine häufig frequentierte Piste, die in engen Haarnadelkurven die beiden dazwischenliegenden Paßhöhen, den Yislah-Paß (2775 m ü.d.M.) und den Sumarah-Paß (2700 m ü.d.M.), überquerte.
Diese gebirgige Gegend gehört auch heute noch zu den tektonisch unruhigen Zonen des Globus. Zuletzt wurde sie im Dezember 1982 durch ein schweres Erdbeben mit Dhamar südlich von Sana'a als Epizentrum erschüttert, das zahlreiche Todesopfer kostete. Beidseitig der Route von Sana'a nach Taizz treten als Zeugnis der unterirdischen Aktivitäten an mehreren Stellen des Berglandes heiße Quellen zutage, die zumeist daran zu erkennen sind, daß der Name der dazugehörigen Ansiedlung mit »Hammam« (= »Bad«) beginnt. Eine von ihnen, Hammam Dammt, wird zudem noch von einem großen Schildvulkan mit einem intensiv blauen See in der runden Kraterôffnung überragt. In dieser Region, weiter südlich bei Yarim, befand sich auch die alte himyaritische Hauptstadt Zafar.
Die am Fuß des 3000 m hohen Dschebel Saber gelegene Stadt Taizz, in welcher die letzten Imame bis zu ihrem Sturz in den 60er Jahren ihren Regierungssitz hatten, ist wohl erst eine relativ späte Gründung gewesen, da sie beim jemenitischen Historiker Al-Hamdani, der seine Heimat an der Wende vom 1. zum 2. Jahrtausend n. Chr. sehr detailliert beschrieben hat, gänzlich unerwähnt bleibt. Heute hat sie die umgebenden Orte längst überflügelt. Dazu gehört Dschanad, dessen Moschee im Ruf steht, die älteste des Jemen zu sein. Denn wie Al-Hamdani und sein Kollege Ibn al-Mudschawir übereinstimmend berichten, soll diese Gebetsstätte bereits im Jahre 6 der Hedschra, also 627/28 n. Chr., von Mu'ad Ibn Dschabal, einem Gefährten Mohammeds, gegründet worden sein. Nachdem das ursprüngliche Gebäude 1163 n. Chr. (558 A.H.) durch Ali Ibn Mahdi al-Hamdani zerstört worden war, wurde es nach Ausweis der Inschriften am Mihrab und im Hof in ayyubidischer Zeit um 1200 n. Chr. neu errichtet.
Ein vormals ebenfalls bedeutendes Machtzentrum war Dschibla, heute eine Kleinstadt unweit südwestlich von Ibb, deren Steinhäuser sich malerisch an den teils sehr steilen Hängen eines Basaltkegels hinaufziehen. Der Ort war ab der Mitte des 11. Jahrhunderts n. Chr., alternierend mit Sana'a, Residenzstadt der Sulaihiden-Dynastie, eines Herrschergeschlechtes, das der ismailitischen Glaubensrichtung, einer Sonderform des schiitischen Islam, angehörte. Diese religiöse Gruppierung hat zwar heutzutage ihre meisten Anhänger in Indien und Pakistan, ist im Jemen aber dennoch mit geschätzt 80 000 Gläubigen vertreten, und zwar sowohl im Umland von Ibb wie auch im Haraz-Gebirge bei Menacha südwestlich von Sana'a. Bedeutendster Repräsentant der von Ali Ibn Mohammed as-Sulaihi in Sana'a begründeten Sulaihiden-Dynastie war die legendäre Königin Saida Arwa Bint Ahmed, die nach dem Tod ihres Gatten die Regierungsgeschäfte erfolgreich weiterführte. Mit ihrem Ableben erlosch 1138 n. Chr. das Herrscherhaus nach rund 75jähriger Herrschaft. Beigesetzt ist die Regentin in der 1088/89 n. Chr. (481 A.H.) errichteten Hauptmoschee von Dschibla, die daraufhin nach ihr benannt wurde.

Vorangegangene Doppelseite:
Dschibla, heute eine Kleinstadt unweit südwestlich von Ibb, deren Steinhäuser sich malerisch an den teils sehr steilen Hängen eines Basaltkegels hinaufziehen, war im 11. und 12. Jh. n. Chr. alternierend mit Sana'a Residenzstadt der Sulaihiden-Dynastie. Dieses Herrschergeschlechts gehörte der ismailitischen Glaubensrichtung, einer Sonderform des schiitischen Islam, an. Bedeutendster Repräsentant der Sulaihiden-Dynastie war die legendäre Königin Saida Arwa Bint Ahmed.

Unter den Ortschaften, die das zweite Zentrum der jemenitischen Ismailiten, nämlich die Anhöhen des Haraz-Gebirges südwestlich von Sana'a einnehmen, bietet Hajjara sicherlich den spektakulärsten Anblick (**oben**). Die mehrgeschossigen Häuser der alten Siedlung sind unmittelbar an den Steilhang gebaut und stehen so eng beieinander, daß auf eine zusätzliche Stadtmauer weitgehend verzichtet werden konnte. Ein einziges Tor führt in die Ortschaft, in der nur Moslems wohnten. Die mittlerweile abgewanderte jüdische Bevölkerung bewohnte eine separate Siedlung unterhalb des bebauten Felsens. Heute reichen die Häuser des alten Ortskerns von Hajja nicht mehr aus, und die Bebauung nimmt mittlerweile auch das wellige Plateau im Vorfeld des Berges ein (**rechts**). Aber auch diese Wohnungen sind weiterhin im traditionellen Stil und in der überlieferten Bautechnik aus Steinen errichtet, die an den Außenseiten grob geglättet sind, während der Raum zwischen den beiden Mauerschalen mit Bruchsteinen und kleineren Brocken aufgefüllt ist.

Die von einer Burg überragte Stadt Rada liegt an der Straße, welche – südlich von Sana'a – in der Ortschaft Dhamar nach Osten abzweigt und nach Al-Beidha an der ehemaligen Grenze zwischen Nord- und Südjemen führt. Rada muß, wie mehrere hier aufgefundene himyaritische Inschriften belegen, eine bedeutende antike Vorläufersiedlung besessen haben. Bedeutendstes Bauwerk ist die 904 A.H. (1504 n. Chr.) von Abdul Wahab Ibn Tahir erbaute und in den 90er Jahren des 20. Jahrhunderts umfassend restaurierte Amiriya-Moschee. Sie verfügt zwar über kein Minarett, doch erhebt sich ihr Baukörper auf einem hohen Sockel, welcher neben den Waschgelegenheiten für die Gläubigen noch einen Gebetsraum für die Frauen und im rückwärtigen Teil eine abgetrennte und separat zugängliche Karawanserei beherbergt. Auf diese Weise überragt das Gebetshaus mit seiner reich gegliederten Arkadenfassade die Umgebung (**oben**). Während die eigentliche Moschee mit 2 x 3 Kuppeln eingedeckt ist, die an der Außenseite glatt und innen mit floralen Motiven und Rautenmustern dekoriert sind, verfügt der Arkadenumgang über Kuppeln, deren außen sichtbare Fältelung, die an eine Zitronenpresse erinnert, sich auch an der Innenseite mit ihren Stalaktiten und Inschriftenbändern fortsetzt (**rechts**). Kuppelgestaltung, Zierelemente und Zinnenformen der Moschee zeigen deutlich indischen Einfluß, wie er sich schon unter den Rassuliden, der Vorgängerdynastie der Tahiriden, an den Sakralbauten nachweisen läßt.

Den Scheitel der ausgemalten Hauptkuppel der Aschrafiya von Taizz nimmt eine Rosette mit einem kunstvoll verschlungenen Inschriftenband ein (**links**). Eine ähnliche Kalligraphie umläuft die Halbkugel an ihrem unteren Rand. Die dazwischenliegende Fläche wird von arkadenartig aneinandergereihten geometrischen Mustern bedeckt, zwischen die runde Felder mit Sternen- und Wirbelmustern eingepaßt sind.
Jede der insgesamt acht Nebenkuppeln weist ein anderes Ornament auf. Hier sind es stilisierte Granatäpfel und im Scheitel der Kuppel – umrahmt von einem Inschriftenband – eine Lotosblüte, die dem indischen Formenschatz entlehnt ist (**rechts**). Auch anderweitig, vor allem am seitlichen Portal mit seinem reichen Schnitzwerk, wird dieser Fremdeinfluß deutlich.
Die Bögen, welche die Kuppeljoche voneinander trennen, weisen an ihrer Unterseite ähnlich zierliche Stuckschneidearbeiten auf wie das aufgehende Mauerwerk unterhalb der Kuppeln (vgl. vorige Seite). Dabei untergliedern schmale, sich verworren überschneidende Ornamentbänder die langgestreckte Fläche in gleichseitige Achtecke mit dazwischenliegenden kleinen Feldern (**unten**).

Die der Aschrafiya auf der anderen Talseite gegenüberliegende Medrese Mutabiya ist nur wenige Jahre vor ihr entstanden und wahrscheinlich vom selben Architekten konzipiert worden (**oben**). Den Eingang bildet ein repräsentativer gerahmter hochgezogener Iwan, der in einen überkuppelten Raum führt, an den sich seitlich tonnenüberwölbte Sitzflächen anschließen. Ein schmaler, tonnenüberwölbter Gang führt zu den Unterrichtsräumen der Koranschule sowie zu den Waschräumen und separiert den Eingangsberich vom Innenhof, der an seinen beiden Schmalseiten von weiteren Schulräumen flankiert wird. Die Gebetshalle mit ihren 2 x 3 gleichgroßen Kuppelräumen schließt sich an der verbleibenden Seite des Hofes an und ist von diesem durch einen schmalen Gang getrennt, der sie dreiseitig in Form eines U umfängt und an seinen beiden Enden von kioskartigen Pavillons beschlossen wird. So ergibt sich bereits in der Außenansicht ein verwirrendes Ensemble an Kuppeln in unterschiedlichen Höhen. Die Säulen der Mutabiya sollen der Überlieferung nach aus der alten himyaritischen Hauptstadt Zafar stammen. Unmittelbar unterhalb der Aschrafiya befindet sich ein überkuppeltes Grab eines moslemischen Heiligen (**rechts**). Ihm ist ein kleinerer, ebenfalls von einer Einwölbung bedeckter Vorbau mit dem Eingangsportal vorangestellt.

In Taizz ließ sich der türkische Statthalter Husain Pascha 1593/94 (1002 A.H.) einen Grabbau, die sogenannte Husainiya, im Stil einer osmanischen Türbe errichten. Über einem achteckigen Grundriß erheben sich die aus eher nachlässig bearbeiteten Hausteinen errichteten Wände, in welche hohe, rechteckige Fenster und darüber befindliche Rundfenster eingelassen sind. Die Kuppel mit ihrem Zinnenkranz ist vor wenigen Jahren restauriert worden, wobei jedoch die – trotz des schlechten Erhaltungszustands noch stellenweise erkennbare – ursprüngliche Ornamentik (**oben und rechts oben**) bei der Rekonstruktion nur noch schematisch aufgegriffen wurde (**rechts unten**).

Die qualitätvolle Stuckausstattung und Ausmalung im Inneren der Husainiya ist mit ihren Ornamenten osmanischen Traditionen verpflichtet. Die hier wiedergegebene Ausschmückung der Ecktrompen unterhalb der Kuppel zeigt unter dem umlaufenden Inschriftenband Arkadenbögen mit Hängelampen und im tiefer gelegenen Spitzbogenfeld üppige florale Motive.

Anhang

Jerusalem 28f., 35, 36-38, 134
Jesaia 28, 38
Joel 38
Jordanien 22, 29, 77
Joschafat 15

Ka'aba 76
Kaffee 77, 108, 166, 180, 184
Kairo 166
Kamaran 8
Kambyses 15
Kamel 20–24, 26, 28, 34, 36, 38, 59, 64, 67, 74
Kaminakon 50
Kamna 50
Kane/Kanneh 66, 72
Kap Guardafui 8
Kap Korodamon 67
Karawanen 22-26, 29, 57, 60, 62, 136
Karib'il Watar 13, 16, 29, 31, 33f., 41-43, 52, 55f., 58f., 62, 65, 134
Karib'il Watar Yuhanaim 14, 71
Kariba'el 51, 72
Karibilu 34
Karipeta 50
Kassia 18f.
Kattabaneis/Kattabania 58
Kaukaban 100, 102f.
Khor Rori 24, 67
Kitibaina 19
Kochlan 109
Königin von Saba 15, 35-37, 39f., 63, 69, 134, 152, 156
Königsweg 26
Konstantin d. Gr. 75
Konstantinopel 29
Konzil von Chalkedon 75
Koptos 22
Koran 10, 25, 39, 45, 76, 82, 109, 134, 189
Kosmas Indikopleustes 68
Kottabanoi 58
Kottayam 14
Kriegerstelen 11, 190
Kyros' II. 15

Labaitia 50
Ladanon/Ledanon 18f.
Lahai'amm 73
Landberg, Carlo Graf 78
Langer, S. 78
Leges Homeritarum 76
Leuke Kome 22
Leukos Limen 22, 27
Libanon 19
Lihyan(iter) 58

Ma'afiran 71
Ma'd'il Salhan 53
Ma'dikarib 41, 44
Ma'in 7, 24, 29-32, 54f., 57, 140
Mablaqah-Pass 24, 60
Macrinus 52, 72
Madabum 65
Mafradsch 88
Maguson/Magusum 50, 88
Mahra 11, 67, 79
Mahrem 75
Maifa'at/Maipha'at 29, 63f.
Maketa 39, 69
Makkala 67
Makoraba (Mekka) 25f., 126
Malabar-Küste 14, 23
Malichas 14
Malikhalik 63
Malikkarib Yuha'min 33, 45
Mamali 19
Mamelucken 166, 186
Manqal 67
Mansur Billah 114, 119
Mapharitis 71, 72
Marabu(t)s 190, 193
Maramat 64
Mariaba 40, 43
Marib (Mariaba) 24, 29f., 32–34, 36, 40-46, 50, 59, 61, 64, 76–79, 134, 136, 142, 146, 148–153, 155f., 158, 160–162
Marseille 29
Martawa (Muratta), 52
Maryamat 64
Masagid 42
Masruk 77
Mauza 180
Mayfa'at 63
Meda'in Saleh 26
Medina 7, 15, 22, 25f., 30, 77, 122
Medschzir 50, 55
Mekka 7, 25f., 46, 76f., 180
Melizeigara 23
Menacha 204
Menelek I. 69
Menuthias 13
Meroe 69, 72
Mesala 69
Mesched Ali 66, 190
Meuniter 54
Midian 28, 38, 58
Minäer/Minaier/minäisch 17, 20, 24, 26, 30, 32f., 41f., 49f., 54-58, 62, 63, 78f., 134, 136, 140
Minos 54
Mirbat ed-Dimm 44
Miswar(a) 29, 51f., 54, 59, 134
Mittelmeer 25, 29, 64, 67, 126
Moccha 72, 77, 166, 180, 184
Mohammed 25f., 31, 46, 76, 92, 122, 166, 190, 204
Mohammed Ali 188
Mohammed Ibn Ziyad 166, 186
Monotheismus 33
Monsun 7, 23, 82, 134, 146
Monumentum Adulitanum II 71
Monumentum Ancyranum 43
Mophareitis 72
Moscha 67
Mu'ad Ibn Dschabal 204
Mukalla 65, 67, 166, 168, 172f., 176f.
Mukarrib 33, 41, 52, 59, 65, 142
Müller, D. H. 78
Muqairas 164
Murad Pascha 215
Mustafa Pascha 188
Muza 71f., 74
Muziris 23
Myos Hormos 13, 22
Myrrhe 17-20, 23f., 28, 40

Na'man 54
Nabat Yuhan'im 59
Nabat'ali von Kaminahu 34, 55
Nabatäer/nabatäisch 14, 22, 26, 49f., 58, 77
Nabi Allah Hud 190
Nabi Ayoub 39
Nabonid 15, 26
Nachlat al-Hamra 73
Nadschran/Nagara 25, 30, 34, 50, 57, 72, 76, 126
Nahapana 14
Nakrah 56, 139
Naqb al-Hadschar 62f.
Nascha'karib Yuha'min 42
Naschan (Nestum) 55
Naschq(um) (Naskos) 33f., 41, 50, 55
Nasser 82
Nefud 8
Negrana 50
Negranon 25
Nelkynda 14
Neolithikum 43
Nero 20

Neska 50
Nestos 50
Niebuhr, C. 77, 180
Nikaule 35
Nisab 51
Nitokris 35
Nofail 76
Nubien 11

Obodas III. 50
Okelis/Ocilia 8, 23, 61, 72
Olibanum 19
Oman 7, 19, 21, 24, 62f., 67, 73, 190, 199
Omar Ibn Abdel Aziz al-Maribi 156
Omayaden 25, 70
Ophir 36, 37
Orontes 15
Osmanen/osmanisch 56, 78, 82, 120, 166, 180, 186, 188, 215

Pakistan 206
Palästina 29
Palmyra 20, 23
Panehesi 27
Patale 23
Patrokles 13
Pemba 52
Perim 8, 61
Periplus Maris Erythraei 8, 13, 17, 22f., 43, 51, 61, 64, 66f., 69, 71f., 170, 180
Perser/Persien 15, 21, 24, 31, 57, 76, 77
Persisch-Arabischer Golf 7f., 9, 19, 29, 196
Petra 14, 22, 26, 49, 77
Pferde 74
Philby, J. 79
Phillips, W. 41, 43, 46, 48, 60, 67, 79, 155
Philostorgius 75
Phokas 73
Phönizier/phönizisch 18f.
Playfair 52
Plinius 17, 19f., 22, 23, 26, 32, 40, 43f., 50f., 54f., 58f., 61, 64, 66–69, 72, 106
Poppaea Sabina 20
Portugiesen 9
Portus mochorbae 26
Prähistorie 10, 82, 95, 127, 178, 190
Prokopius 76
Protoplasmata 60
Provincia Arabia 26, 49
Ptolemäer 21
Ptolemaios 8, 14, 22f., 25, 40, 43, 54, 58, 61–64, 66f., 71f.
Ptolemaios II. 13, 22
Ptolemaios III. 68
Ptolemaios VIII. 68
Punt 11, 22, 26–28
Pytheas von Massalia 13

Qabr Hud 61, 190
Qaiti-Dynastie 177
Qamr-Bucht 61
Qana 24, 63, 66f., 79, 166
Qarmaten 14
Qarnaw(u) (Ma'in) 26, 54f., 57, 79
Qat 108
Qataban(er)/qatabanisch 7, 24, 26, 28f, 30, 41, 49, 51, 53f., 58f., 60f., 63, 69, 78, 162
Qathiri-Dynastie 177, 190, 201
Qedar 15, 16
Qusseir 22, 27

Rabbat Ammon 38
Rabel II. 49
Rada 208
Radman 59
Ragma(dum) 16, 25, 57
Rahman 74
Raida 114
Ramlat Sabatayn 61
Ramlat Sayhad 61
Ramses II. 28
Ras Fartak 23, 61f., 67
Ras Gumguma 67
Rassuliden 56, 208
Rathjens, C. 79
Rauda 99
Raybun 66, 79, 190
Raydan 30, 211
Rhapta 72
Rödiger, E. 77
Rotes Meer 7–9, 11, 13, 19, 22–24, 26f., 37, 49, 58, 62, 68, 71–73, 75, 77, 82, 134, 166, 178, 180, 184, 186
Rub al-Khali 7f., 61f., 134
Rufinus 75

Sa'ada 10, 24f., 82, 104, 106, 108f., 113, 122f., 125f., 128, 13, 166
Sa'ir(um) Autar 30, 72
Sa'kalan 67
Saba/Sabäer/sabäisch 7, 14–16, 19f., 24, 26, 28, 29, 30f., 33–36, 38f., 40, 41, 43, 45, 46, 48f., 50, 52–54, 56–59, 61–66, 68–72, 77f., 106, 134, 136, 142, 146, 150, 151, 156, 158, 170
Sabbatha/Sabota (Schabwa) 20, 59, 61, 64, 67
Sabir 11
Sabur»-Technik 125
Sachalites [kolpos], 67
Sadaf 62
Sagi(a)tta (Sagitha) 51
Sahure 28
Said Ibn Ali 82, 122
Saida Arwa Bint Ahmed 204, 206, 211
Saif Ibn Dhi Yazan 31
Salalah 67
Saleh el-Jamani 120
Salhin-Palast 43
Salmanassar III. 15
Salomo 29, 35, 36, 37, 38, 39, 40, 69, 134, 156
Samir Yuharis 72
Sana'a 14, 24, 42, 43, 51, 58, 65, 70–74, 76–79, 82, 85, 88, 90–92, 95, 100, 102, 104, 106, 108f., 114, 134, 136, 190, 194, 201, 204, 206, 208, 215
Sanherib 15f., 34
Sansibar 13, 52
Sapphar 43, 69
Sappharitai 71
Sargon II. 16, 34
Sassaniden/sassanidisch 25, 31, 45, 72f.
Saubatha 64, 66
Saudi-Arabien 7, 15, 16, 22, 25, 30, 57, 131, 199
Saue 71
Sawwa(m) 71
Sayed-Abdullah-al-Aidrus 168
Sayhut 61, 190
Sayun 64, 177, 190, 196, 201
Scha'ir Autar 63
Schabwa(t) 24, 29, 32, 59, 61, 63–66, 79, 202
Schammar (Schamir) Yuhar'isch 63
Schammar Yuhar'isch 69, 72
Schech Said 8, 61
Schibam (im Hadramaut) 64f., 194f.
Schibam (bei Kaukaban) 100, 102f.
Schihara 120
Schihr 67
Schiiten 166, 204, 206
Schrift 10, 12, 31, 128
Schu'ub 58
Schurahbi'il Ya'fur 30, 45
Seetzen, U. J. 43, 77
Seidenstraße 21
Seleukos Nikator 13
Sem 70, 82
Sembrouthes 72
Sichem 37

Sidon 38
Sierra Leone 13
Silvanus 75
Sin 31, 66, 79
Sirwah 13, 16, 29, 32f., 36, 41f., 78, 134, 136, 142–146
Sokotra 8f., 75, 79
Soliman Pascha 166, 188
Somalia 19, 28, 52
Stark, F. 65
Steinböcke 31, 95, 125, 128, 136, 143–145, 161
Strabo 19, 22f., 25, 40, 43, 50, 54, 58f., 61
Straße von Hormuz 7
Suagros 67
Sudan 11
Sulaihiden-Dynastie 204, 206, 211
Suleiman-Ibn-Dawud-Moschee 156, 161
Sumara-Paß 204
Sumhuram 24, 62, 67
Sumhuyafa 33
Sunniten 166
Surat 9
Syagron 23
Syllaios 50
Syrien 29, 56, 75

Ta'ran Yuhan'im 33, 45
Tabua 15
Tafid (Abyan) 52
Tahiriden 208
Taima 15, 16, 26, 58
Taizz 11, 33, 64, 70, 72, 78, 188, 204, 216, 219, 220, 222, 224
Talab 61
Tamna 59
Tamrida 9
Tarim 64, 168, 190, 196, 198f., 201
Tema 15
Tha'ran 73
Theodor Lector 75
Theophilos 75
Theophrast von Eresos 17, 19, 40, 59, 61
Thomna 59
Thula 100, 104
Thutmosis' III. 28
Tiglatpileser III. 15f., 34
Tigris 9, 72
Tihama 8, 10, 24, 30, 62, 71, 166, 178, 180, 184, 186–188
Timna 24, 29, 59f., 63, 79, 162
Trajan 49
Tubanaw (Lahedsch) 52
Türken/türkisch 56, 120, 180, 222
Tyros 16, 38, 66

Uchdud 25
Ugarit 12
Umm Layla 25, 131, 133
Uranios 69
Urr Mawiyat 66, 172

Varthema, L. d. 77
Venedig 29

Wadd(um) 31, 42, 44, 54
Wadi al-Dschauf 50f., 55, 136
Wadi Amd 65
Wadi Araba 37
Wadi asch-Schudayf 32
Wadi Bayhan 51, 58, 59, 60, 134, 162
Wadi Chaura 51, 134
Wadi Dana 41, 44–46, 134, 146, 151
Wadi Dhar 94, 95
Wadi Do'an 66
Wadi Dschauf 24, 30, 55, 79
Wadi el-Hamid 22
Wadi Hamili 10
Wadi Hammamat 22, 27
Wadi Lissam 120
Wadi Madhab 33, 55
Wadi Maifa 63
Wadi Marcha 51, 53
Wadi Masilah 61, 190
Wadi Mayfa'ah 61, 63
Wadi Nadschran 126
Wadi Schariss 108, 109
Wadi Rum 190
Waraw'il 58
Weihrauch(handel) 11, 16–24, 26f., 29, 31, 34f., 37f., 40, 42f., 48–50, 52, 54, 57, 59f., 62, 64, 66f., 72, 82, 134, 166, 190
Weihrauchstraße 20, 22, 24–26, 30f., 49, 57–59, 62, 70, 126, 136
Wellsted, J. R. 77
Wissmann, H. v. 79

Ya'zil Bayyin 69
Yada'ab Gaylan 63, 65
Yada'il 61, 65
Yada'il Bayyin 41, 67
Yada'il Darih 42, 46
Yada'il Watar 44
Yadi'ab Dhubyan 59
Yafruz 215
Yagruw 32
Yahya 94, 120
Yamnat 72
Yanbu (al-Bahr) 22, 26
Yarim 30, 69, 204, 211
Yasduq'il Faram Scharahat 53, 54
Yasduq'il Fari'um 53
Yasir Yuhasdiq 71
Yasran 46
Yathi'i'amar 16, 44
Yathil/Yathul (Baraqisch) 54–57, 79, 136
Yathrib (Medina) 15, 25, 26, 30, 58, 126
Yislah-Paß 204
Yussuf (Asar Yathar Dhu Nuwas) 30, 31, 76

Zabibe 15
Zabid 166, 186–189
Zafar 14, 30, 43, 69, 70, 72, 75–77, 204, 211, 220
Zafar Dhi Bin 114f., 119
Zaiditen/zaiditisch 14, 56, 82, 109, 122
Zamareni 51, 106
Zaqarnas 72
Zeeritai 62
Zigeros 23
Zimt 18, 19
Ziyaden-Dynastie 166, 186, 189
Zoskales 68

Bildnachweis

S. 4 Silke Markt; **S. 24** nach F.P. Albright, in: *Orientalia* 22 (1953) 284ff.; **S. 46, 47 oben** nach F.P. Albright, in: BASOR 128 (1952) 27, 29; **S. 48** nach J. Schmidt, in: NBA 14 (1998) 10ff.; **S. 55** rechts nach A. Fakhry, *An Archaeological Journey to Yemen I* (1951) 99, 100; **S. 57** nach M. Taufiq, *Atar Ma'in* (1951) 21; **S. 59, 63** nach B. Doe, *Southern Arabia* (1970) 222, 189; **S. 65** nach K.-H. Bochow/L. Stein, *Hadramaut* (1986) 33, 34; alle übrigen Aufnahmen stammen vom Verfasser

Auf der Umschlagvorderseite:
Sa'ada, Kuppeln von der Grabmoschee des Al-Hadi
Yahya Ibn Hussein

Auf der Umschlagrückseite:
Zafar bei Yarim, himyaritische Spolie mit Steinbock

Die Deutsche Bibliothek – CIP-Einheitsaufnahme

Joachim Willeitner:
Jemen : Weihrauchstraße und Wüstenstädte /
Joachim Willeitner. - München : Hirmer, 2002
ISBN 3-7774-8230-7

Lithographie: Reproteam Siefert, Ulm (Farbe)
und Repro-Knopp, Inning (Schwarzweiß)
Kartographie: Computerkartographie Carrle, München
Druck und Bindung: Mladinska knjiga tiskarna,
Ljubljana
Printed and bound in Slovenia

ISBN 3-7774-8230-7